Poemarcante
Jaqueline Camargo

Poemarcante
Jaqueline Camargo

1ª edição, 2021 | São Paulo

LARANJA ● ORIGINAL

Prefácio

Jaqueline Camargo Moreira, aqui, desvela seu coração aos olhos do devir. Um coração a pulsar, antes de tudo, ecos de vida, sua, na coexistência de pares, ímpares e múltiplos. Fragmentos de lembranças, sensações, desejos — que passam pelo filtro da magia que todo poeta carrega: pó de ouro a rutilar essência de instantes. O poema se desabitua ao imprevisível da espera e eclode letra após letra, pontos, vírgulas e silêncios. Em cada página, somos puxados para o núcleo de instantes, cadenciados pelos recortes daquilo que brota no badalar do tempo. No reflexo do verso, contemplamos nossa face, pelos caminhos do acaso ou do universal, onde a essência humana nos habita. E, assim, caímos duas vezes: no poema e em nós, para dentro, fundo, bem fundo.

Com Jaqueline, a palavra se empatiza — abraça, acolhe — com as dores do homem e da mulher de nossos dias. No *hall* de seus temas, emprega forte influência da Psicologia, sua área de estudo, dentro do meio acadêmico. É um traço que assinala sua linguagem e problematiza, de forma coerente, o cotidiano, costumeiramente trincado pelos baques de uma sociedade irrefreável, consumida por parâmetros inalcançáveis, muito por conta das redes sociais. A poesia, no caso, vem de modo a clarear a consciência, expurgar espinhos, empoderar e construir as vias do perdão: "cuide-se, ame-se".

Cada capítulo, um andar. Cada andar, uma vibração nova. Descobrimos, atrás de portas, segredos deixados por incêndios de efêmeras e intensas paixões, cicatrizes de conflitos (entre razão e emoção), suspiros, lágrimas, ausências. Seguindo, a luz no fim de cada verso — a indicar a peça-chave na resolução do quebra-cabeça, quando não um tapa, doses de realidade, a nos despertar.

Que este livro seja o início da aventura literária na carreira de Jaqueline, esta mui prolífera e talentosa poetisa, que admiro e a quem desejo os mais floridos votos de sucesso.

Douglas Jefferson
Poeta e bacharel em Filosofia
Taubaté, SP, setembro de 2020

Dedico este livro a vocês, leitores sensíveis à luz das palavras e ao brilho dos olhos daqueles que amam, que sonham e que destrincham as dores e as alegrias transformadas na leitura de palavras indizíveis aos lábios, mas factíveis aos recônditos da alma.

Agradeço primeiramente a Deus, por ter soprado em meus ouvidos palavras que se tornaram alentadoras para os que me leem. Sem Tua providência eu jamais concretizaria este sonho. Agradeço à minha mãe por ter sido a primeira fã e incentivadora do meu trabalho, me dando força todos os dias e acreditando em mim mais do que eu mesma. Ela é a pessoa mais importante da minha vida.

Ao meu pai, que também me fortaleceu e sempre se referiu a mim com orgulho e brilho nos olhos. Ao meu irmão, aos meus avós, tios(as), primos(as) e a toda a minha família. Agradeço aos amigos e amigas que me apoiaram desde o início, quando os meus versos eram ainda simplórios, mas não menos carregados de verdade. Aos meus professores que apoiaram a minha obra e por tantas vezes me fizeram sentir honrada com seus gestos de aprovação.

Poemas tão marcantes quanto o mar

O poeta é um barqueiro que navega nas águas da alma

Poemarcante

Poemarcante
Põe o mar para cantar
E canta
Deixa que o mar te encante

Pó de areia
Tão fina e lustrosa
Companheira formosa
Pó e mar

Ó mar marcante
Sonho com tuas curvas
Te sondo em silêncio
Mar marcante

Marca-me

Ondulando

Um sopro
Assim é a vida
Vai do púrpura ao ciano
Pinta e borda azul-celeste
Costura nas bordas do oceano
As figuras dos instantes de amor
Vai colecionando suas insígnias em vão
Construindo sua colcha de atalhos e retalhos
Formados por homens que não viajam
Não transpassam suas almas
Não enxergam as cores
Não regam suas flores
Não rimam com dores
Não nutrem amores
Não vivem
Não são

Por onde navega o amor

Vivendo entre o caos e o abismo,
Seguindo pegadas no chão,
Sem saber para onde me levarão.
Sentindo os efeitos nocivos
De quem entrega o coração,
De quem se vicia em momentos;
Pessoas da vida.

Vida que é infindavelmente finda,
Incomparavelmente profunda,
Profusamente confusa,
Intimamente crua,
Pronta para ser temperada.

Mergulhamos em abismos
Como em mares límpidos,
Mas eu sinceramente espero mergulhar
Em um mar de amor

Sem me preocupar se afundo,
Se nado, se volto a superfície ou me perco
No mais impetuoso oceano.
Não importa

Se mergulho no Mediterrâneo,
No Báltico ou no Atlântico,
No Adriático ou no Caribe,
Ou no átrio do Mar Vermelho que é o coração de alguém.

Mesmo se esse mar for o Morto,
Se ele não ressuscitar, eu volto viva,
Porque ainda...
Há muito mar a mergulhar.

E posso até me afogar,
Mas não vou morrer na praia.

Eu tsunami

Eu vento
Eu oceano
Eu garoo
Eu chovo

Eu grito
Eu briso
Eu molho
Eu trovejo

Sempre na primeira pessoa
Na primeira tempestade
Ou no primeiro beijo

Me vejo
Como um raio
Um trovão
Um simples lampejo

Eu clarão
Clareira
Fogo
Mulher

Piscina

Depois de algumas decepções, as pessoas ficam frias,
O coração já não se magoa com qualquer coisa,
E quando alguém chega, é como piscina:
A água está gelada, e molha-se apenas os pés.

Pode-se até ouvir uma voz que vem do fundo dos olhos:
— Vem, depois que você entra a água fica quente.
Fico me perguntando quem tem mesmo
a coragem de entrar
E romper as geleiras do coração de alguém.

Quem tem a coragem de se molhar
e mergulhar num incerto peito friorento?
Quem tem a coragem de amar, de sair da superfície,
de pular nos braços e de aprender a nadar
no mais íntimo de alguém?
Quem tem a coragem de acreditar
que depois que entra aquece?
Ou que a gente se acostuma?

O amor é mesmo para quem tem coragem.
E aos corajosos de plantão, desejo que pulem
na piscina que está aparentemente gelada e descubram
se não está na temperatura certa para fazê-los ficar.
Mas que entendam e saibam reconhecer
os seus limites, pois não se pode nadar
por muito tempo em ambientes inóspitos.

Que encontrem o equilíbrio, o amor e a reciprocidade
E não fiquem se afogando em piscinas vazias,
Pois merecem um amor maior que o Atlântico.

O barqueiro

O poeta chamejante
Enfrentou ondas furiosas,
Apanhou o lápis na estante
E fez das dores mar de rosas.

Seus poemas expressam
Desde o café expresso ao...
Bem, não há sobre o que não versam;
Ele descreve o descritível e seu inverso.

O poeta só com palavras não diz,
Olhe em seus olhos e verás
A maré de sonhos e
Mágoas...

O poeta é a sua própria rima,
Sua rima, sua metamorfose.
Sua palavra é sua linguagem;
Sua poesia, o próprio escudo.

A imensidão do mar de excessos que sou

Sou feita de excessos e acessos, atalhos e retalhos
Sou feita de alguns inícios para determinados fins
Sou poeira cósmica soprada na Terra
pelos lábios de algum anjo
Que, bem ou mal-intencionado,
me trouxe a este lado do mundo
Que me absorve e me retém como raiz

Como flor, incansavelmente
Murcho e desabrocho
Rego-me e resseco
E me sufoco dentro da terra íntima que me compõe

Terra que, seca ou molhada, não é nada
além dos resquícios das antíteses que sou
Eu sou feita de excessos e extremos
estranhamente opostos
Sou vidraça que estilhaça e se refaz na mesma proporção
Sou milhas de passos que andam em uma única direção

Corro para o mar e acabo afundando
na imensidão de mim
Dentro dos meus olhos qualquer um pode ver o oceano
que inunda e se agita
Mergulho e incrivelmente volto ao ponto inicial:
Parto para a arte de ser quem eu sou

Feita de excessos

Um rio chamado saudade

As nuvens, as noites, os amantes e os viajantes
Todos passageiros sentados no banco dos instantes
Posando para fotos que, no máximo,
Se tornarão retratos nas estantes

Os ponteiros do tempo apontaram
para os fixos pontos da memória
Onde habitavam os amantes
E as juras de eternidade,
os sentimentos de duas metades —
Desvairados pelas bordas do mundo —
E os seus pertences trocados foram esquecidos
em um baú empoeirado

E as noites não caíam como antigamente
As nuvens já não eram de algodão
Eram carregadas de uma tal poluição
E os viajantes, ah... os viajantes

Registravam em seus caderninhos sobre o chão
de concreto onde costumava deleitar-se um rio

Este também passou
Todos passaram

As nuvens, as noites, os viajantes,
os amantes e um rio chamado saudade

Mais poesia que mulher[*]

Moça, você é mais poesia que mulher
É mais vistosa que a mais bela rosa do jardim
Você pinta suas cores, faz acontecer
Você dita o início e o fim

É vasta, devasta e devassa
Sim, o que quiser ser
Afinal, toda mulher nasceu para vencer
Então seja e faça seu destino

Escolha as sementes que planta no caminho
Escolha com carinho quem fará a colheita
Não existe receita de mulher perfeita
Sua unicidade é o adorno que a enfeita
Mas se alguém lhe disser o contrário, não esquente

Você é um exagero de mulher

---

[*] Poesia inspirada na página do Facebook
Moça, você é mais poesia que mulher.

Meu pedido ao tempo

Tempo,
Deixe-me fazer um pedido:
Embora você passe,
Me enlace, me renda,
Me tenha e depois me esqueça...

Embora em sua maior parte eu me sinta
perdida, cansada,
Moída pelas engrenagens de seus minutos
que escoam por meus sentidos...
Embora meus segredos escapem por suas veredas,
revelando o ar mais grave de meus pensamentos...
Embora alguém que eu ame vá embora...
Embora eu seja o amor de alguém
marchando em direção a outros braços...
Embora, a essa hora, eu não mais conjugue
os verbos no tempo certo...

Ó tempo, eu imploro que não respingue
gotas em minhas melhores memórias!
Eu não quero me esquecer de ser quem sou.
Quero contar minhas histórias para os meus filhos
com a mesma intensidade de quando aconteceram...

Embora tudo se vá nesta vida,
Eu quero ficar
Em um poema,
Em um alguém,
Ou em vários alguenzinhos

Correndo descalços pela casa.

Eclipse

Existem fenômenos que demoram anos para acontecer.
O eclipse total da Lua, em que a Lua passa
pela sombra da Terra,
Tinge-a de vermelho e vale a nossa espera.
Revela que no vale da vida o tempo não erra.

Não importa o tempo que o eclipse dure,
É o suficiente para que em nosso coração
a luz volte a brilhar.
Marte às vezes se aproxima para testemunhar
que duas almas não se unem ao acaso —
É isso que faz o eclipse e o amor
serem fenômenos tão raros.

O amor é um espetáculo desses
Em que as almas se cruzam e se tingem
de uma cor quente.
Quando isso acontece, qualquer um,
em qualquer lugar do mundo sente:
Um amor nasceu.

Eclipses e amores
Demoram para chegar,
Mas quando chegam
Incendeiam o céu e o luar,

Transbordam
Pelas bordas do universo,
Pelos versos do poeta,
E partem sem aviso.

Mas antes que você se despeça do eclipse,
Peço que não se esqueça: ele vai voltar
Então, até o próximo eclipse
E até o próximo amor.

Minha prece à Lua

Esta noite peço à Lua
Que através das suas fases
Encerre os ciclos que sozinha não consigo fechar;
Que exiba a minha face para que eu possa me encarar.

E que sua penumbra me apague
Para que eu volte a brilhar.
Que o céu seja meu ponto no universo,
Que eu me mova além do verso

E que tudo o que peço
Seja o acesso, o atalho,
Para aposentar o velho,
E o novo poder brilhar.

Essa noite eu peço à Lua
Que me desnude.
Sim, deixe-me nua,
Deixe-me à míngua

Para que me esvazie,
Para que me restaure
E para que me preencha
Só do que me faz bem.

E que eu seja como ela:
Nova ou crescente,
Bela, pura, brilhante
E cheia de amor.

Quando é amor

Quando a conversa encaixa,
Quando parece que o tempo não passa,
Os dedos se entrelaçam e se acariciam,
E as linhas de expressão dos olhos se acentuam
em um sorriso...
Quando o olhar diz tudo que estava nas entrelinhas
E a entrega é íntegra, total e sincrônica,
O seu corpo treme, a voz se cala, e a mente clama,
frenética...
Quando o passado não faz mais sentido
E o presente faz sentir que uma vida é pouco
para o futuro que se quer construir,
Aí você saberá que encontrou o amor.
E você só saberá que encontrou o amor
quando o amor também lhe encontrar.

Você sabe que é amor quando também se sente amado.
Você sabe que é amor quando o beijo arrepia a alma
e parece que nunca havia beijado alguém antes.
Quando lhe perguntarem como você sabe que é amor,
aí poderá dizer
Que o amor não se explica, que o amor a gente sente.

E não é a gente que encontra o amor,
é o amor que encontra a gente.

Pela eternidade

E nesses desencontros da vida
Nos limites mais distantes
Nas passagens mais longas
E nos momentos difíceis

Aparece alguém convergindo
Para a sua direção
Pois as almas se encontram
Pela afinidade do coração

Coração é bússola que sinaliza
Quando o outro cruza a fronteira
E já não importa mais a rota
Não existe mais barreira

O sentimento desatino
Que surge, que pulsa
A anos-luz de distância
Percorre os quilômetros

E coordenadas, e milhas
Milhares de polegadas
Milhões de passadas
Não são nada
Para quem ama

Há conexões
Que nem o Céu nem a Terra
São capazes de afrouxar
Nem o tempo

Nem o espaço
Nada no Universo
É capaz de separar
Almas que se fundem

Pela eternidade

Antropocentrismo

O lugar que me ponho
É o lugar que me cabe
Desponto entre nuvens
Me ponho ao final

Como o Sol
Aprendi a iluminar
A me posicionar
No céu ou no mar

Aprendi a me retirar
Na ausência do outro
E a entender que, bem,
Não brilho o tempo todo

Estou aprendendo
Alinhando desalinhos
Há astros em mim
Muitos fora de órbita

E no labor da tarefa
Tenho pressa e apreço
Por quem me tornei
Por quem me tornarei

Pois finalmente
Meu lugar em meu céu
É o lugar em que me ponho
No centro de mim

Autotransplante

Um coração entre as mãos
Sangra sobre meus dedos,
Esmalta minhas unhas,
Esconde meus segredos.

Pressiono-o — ele me incita e bombeia,
Se esvazia, rompe suas paredes,
Ultrapassa cada veia.
Sangra como se a fonte fosse apenas
Sinergia que emana das minhas mãos —

Frívolas mãos, agora sem pulso.
Meu coração bate fora do peito,
Então o principal suspeito
Deixou-me com a bomba cronometrada.

Em um minuto de concentração,
Notei em mim o poder de ação —
Não sei como tive essa sacada.
Coloquei-o de volta em meu peito,

E ele voltou a bater, por mim.

Infância

Continuam as nuvens sendo de algodão
Continuo eu, uma eterna criança
Que ri, que chora, que brinca e dança
O que sou é simples continuação

A alma da pequena menina que fui
É mais frágil que uma vidraça fina
E com muita cafeína
Disfarça belos sonhos adormecidos

Com olhos arregalados, acordados
Ligados na monótona rotina
Meu desejo é alcançar as nuvens
E que elas sejam de algodão-doce

D'ocê desejo apenas um beijo
E um "boa-noite, minha criança"
Que me embale num abraço
E depois me tire pra dança

E que nesse momento continuemos a ser
eternas crianças...

Gratidão

gratidão
ser grato pelo pão
pelo sim e pelo não
pelo arroz e feijão

ser grato
só por respirar
por ter a chance
de nesse mundo
fazer estadia

gratidão
é não ter tudo
mas ser grato
pelo que se tem
e descobrir
que ser feliz
é vislumbrar o
pequeno

ser grato
pelo olhar da criança
do cachorro ou do gato
por ter comida no prato
ou por ter de colher no pé

gratidão por quem chegou
e até por quem se foi
por um domingo
por um pingo

ou um gole
de café

gratidão é, senão,
a maior expressão
de fé

Matemática poética

Tentaram resumi-lo a um número
Um mero numerinho
Contaram com você
Mas o deixaram sozinho

Fizeram-lhe matemática
Subtraíram seus esforços
Usaram uma tática e o transformaram
Em uma variável exponencial

Tornaram-lhe finalmente uma letra
Uma incógnita entre intervalos
Que a dita fórmula perfeita
Não classificou a imensidão

Dividiram o espaço pelo tempo
Constataram a velocidade
Verificaram os dados
E descobriram que, da matemática,
Você era o infinito

Respirando poesia

Inspirei os sentidos
Expirei o sentir
Tornei versos
Os tornados em mim
Inspirei poeira
Expirei purpurina
Toco minh'alma
Exprimo poesia
Torço meu eu
Espremo meu ser
E o que escorre
Dos olhos
Lágrimas
Cores vibrantes
Poças de lama
Luzes brilhantes
O que me forma
Me transforma
Me inunda
Me conduz
Torno-me verbo
Reclamo às deusas
E elas me ouvem
Me erguem
Elas me honram
Me conectam
Me iluminam
E me fazem
De aspirante
A respirar
Poesia

Além de mim

No cotidiano
Dia a dia
Mês a mês
Ano a ano

É assim
No pequeno
No poema
Na semana

No violino
No cinema
No piano
Na nota

No café
Da manhã
Da tarde
De nós, da gente

Sentimos
Se sente
No fino
No linho

Semente
No fio
Na folha
Na gente

Em tudo
Detalhes
Milhares
De nós

Ninguém
Além
De nós

Além
De mim
Só você

(A)té o fim

Acalmem-se
Atentem-se a si mesmos
Acalentem as angústias
Abaixem as armas

Amem a si
Antes do agora
Após o depois
Aceitem-se

Arejem a alma
Abram as asas
Alimentem o espírito
Assegurem-se em si mesmos

Alastrem sua arte
Abracem hoje mesmo
Antes do corpo e além dele
Acalmem-se

A vida respira
A música toca
A dor cessa
"A" no início

"A" de amor
Amor a si mesmo,
Ao próximo
À vida

Acalmem-se

(Des)esperança

uma compressa na cabeça,
mais uma enxaqueca que me descompensa.
as dores não se limitam — elas se espalham, se movem
e chegam até minh'alma.

na verdade, não se sabe se elas surgem exatamente aí,
pois me foi tirado o riso, me foi tirado o outro,
me foi tirado tanto
que não sei mais quanto de mim restou.

ainda não sei lidar com o que restou —
temo que até isso um dia me seja tirado,
temo perder-me nesta névoa

sem conseguir enxergar o que me atingiu.
tanta dor e tanto temor não curados,
tudo aberto sob um falso curativo
que esconde as feridas que não curei.

não me curei de certas partidas,
que, de tão repentinas,
quebraram-me em pedaços finos,
que continuam me cortando aos poucos,
a cada vez que tento os tirar de mim.

e nessa veia artística
pulsa um sangue quase branco,
anêmico, fino, seco,
porque a esperança está escassa.

mas não nego:
tal esperança ainda pulsa,
só esperando o famoso dia
em que tudo ficará bem.

Quarentena, dia: ?/?*

o acaso
a ordem inversa de tudo
seria desordem? seria o caos?
ou somente o universo falando com a gente?
dizendo:
o mundo não gira em torno do homem,
da economia, dos meios de produção,
de sua sobrevivência

a gente se espanta com a impotência,
com a fragilidade e a suscetibilidade
a gente treme diante do inesperado

a gente teme
e teme a si mesma
o encontro com as sombras
com as certezas incertas
com o lado mais íntimo

e perceber que está só
é não saber lidar com essa solidão
mas é a chance de fazer as pazes
de se acolher e reconhecer

notar que há alguém aí
existindo diante das miragens do mundo
suportando, resistindo, esperando
ansiosa ou pacientemente

e eu só desejo
que a flor possa quebrar o asfalto
vencer o tédio, o nojo, o ódio, o vírus
e formar-se primavera no cerne do seu futuro

dê-se a mão e confie que dias melhores virão!

* Referência ao poema "A flor e a náusea",
de Carlos Drummond de Andrade.
Este poema e o anterior foram produzidos
no contexto da pandemia da COVID-19.

Terra bruta

A vida às vezes pesa
E sepulta dentro de si:
Enterra você vivo, pisa,
Amassa e ainda afofa.

A vida nem sempre é leve.
Você se preocupa, se pergunta,
Se procura e não se encontra.
Você se afasta e se dissolve.

Mas a vida o prepara,
Pisa e depois rega.
E você é que se procura e encontra,
Se reinventa, renasce e ressurge da terra.

Pois você sabe que está vivo
E descobre ser semente.
E as sementes são enterradas no mais íntimo,
Para as raízes se firmarem no solo.

Depois poda, transforma,
A vida o desfaz e refaz,
Em um movimento quase atroz
Até perceber que a vida não o enterra:
A vida o planta,

E a vida o faz crescer...

Setembro

Setembro
Se bem me lembro
Um ano inteiro me perdi

Janeiro inteiro prometi
Te esquecer até dezembro
Mas é setembro, e não esqueci

E se o ano terminar
E eu ainda te amar
Espero até julho

E em vez de prometer
Juro que vou esquecer
Até agosto chegar

Até agosto
Esqueço o teu rosto
Esqueço o teu gosto

Mas se ainda me lembrar
Rasgo o calendário
E me esqueço de te esquecer

Tempestade

Lindo mesmo é te ver crescer
Mesmo que seja um centímetro na luta que te compõe
Ver teu sorriso ao reconhecer as conquistas
E te ver viver um dia após o outro

Lindo é te ver renascer
É te ver reerguendo
Te ver sonhando novamente
Lindo é ver a tua luta para se refazer

Lindo é te ver estilhaçar
Recolher os teus cacos
E transformar-te
Na mais bela vidraria

Lindo é te ver acreditar
Ver a partícula da tua luz brilhar
na névoa que te ofuscou
Lindo é saber que as tempestades não te assustam
Pois quando um raio cai, és o próprio trovão

Quando a alma se declara e se despe(de)

Eu te escrevi os melhores poemas
Eu te vi partir milhões de vezes
Eu senti saudades de ti
Para aprender a viver

Sem ti

Adeus

Já disse "nunca mais"
e "quero mais" ao mesmo tempo.
Já disse "oi" querendo partir
e já parti querendo ficar.
Já disse "é a última vez",
sendo ela mais uma das milhões de últimas vezes.

Milhões de vozes gritam "adeus", mas há uma...
uma que grita "quero ficar".
E é essa a que cala todas as outras.
É essa que me sopra desde um simples "olá"
até um ensurdecedor "eu te amo".

É essa maldita voz que me trai:
nega minha razão e me faz estar de novo
nos teus braços.
É essa voz que me faz pensar
que a sucessão de "nunca mais"
pode se transformar em um "para sempre".

E é essa voz que eu quero calar
antes que ela me deixe muda, na tua frente,
outra vez, até dizer mais um falso

adeus.

Enlaces

Me disfarço de frieza
Mas me desfaço
Quando seu abraço me enlaça
E sua boca me beija

Me enrijeço quando vai
Me derreto quando vem
E espero por você
Como nunca esperei por ninguém

Para você eu tiro a roupa e as máscaras
Me mostro nua, de corpo e de alma
Ou me mantenho a portas tão trancadas
Que se pode ver a luz escapar nas brechas

A gente se lança e se doa nesse lance
Se desmistifica e se descobre
E tudo que da gente encobre
No final se desmascara

Amorarte

Os museus me lembram amores passados,
cafés já coados e livros empoeirados.
Dá vontade de um amor presente,
de um café coado na hora,
e das histórias que ainda vivem límpidas
em minha memória.

Histórias que eu ouvia para dormir,
da chuvinha que caía no telhado
sem me preocupar com o barulho do despertador;
sem me preocupar com tudo que o amor desperta.

Dos amores tão lindos que deveriam ser
exibidos no cinema
E que felizmente foram pintados
em uma tela de museu;
Amores eternizados pelos dedos de um pintor
E pela alma de um poeta.

Nessa sinestesia discreta,
Mas nem tanto,
No começo do futuro anunciado
pela chegada de um novo ano,
Sinto saudades do que ainda está por vir.

Sinto cheiro do café ainda não coado,
Recordo o amor ainda não vivido,
O filme ainda não lançado,
O futuro ainda sem passado.

Mas, se por acaso,
Sentir saudades de mim,
Não me procure nos museus,
Não me assista no cinema,
Não me ligue.
Me leia.

Incompletudes

Eu queria que você me olhasse um pouco mais devagar;
Veria o quanto seu olhar evidencia
a sua refração em mim
Você me atravessa
Como os meus passos transpassam a leveza
e a dureza do seu caminhar.

Sinto-me ali, na frouxidão entre o ir e o ficar;
Eu fico na corda bamba e frágil,
Sonho acordada e danço um passo sonâmbulo,
Entre o preâmbulo e o apêndice desse romance.

Há uma história que me baliza
ao passo que me impulsiona.
Há toques, versos, noites, intensidade e conexão.
Há um sim implícito no constante apelo do não.
Há uma potencial permanência.

E o que era um momento
Tornou-se um livro
Com começo,
Meio
E um final que não se sabe ainda.

Enganos

Eu sei o quanto me sentia completa ao seu lado
Toda vez que me apoio no parapeito da janela
me recordo
Era no seu peito que há um tempo eu debruçava,
me encostava e me deixava estar,
só com o ar da sincronia da nossa respiração
E hoje, nos batentes dessa janela o tornado
de lembranças rebate nas estruturas do meu coração

Eu não saí dessa tão sã como esperava
Eu saí com algumas incertezas, algumas
noites mal dormidas, algumas lágrimas caídas
Alguns espaços vazios clamando
para serem preenchidos
Com certeza não saí sã, mas certamente eu saí salva

Feliz ou infelizmente naquela noite quente
que a gente sente que vai ser a última
— e foi —
Me despi pela última vez e me despedi de você
pela milésima vez
Me recebi de braços abertos e foi aí que percebi
O quanto sentia a minha falta

Percebi que aquela música ainda estava em alta
"Mentir pra si mesmo é sempre a pior mentira"
Me enganei, estudei o sofismo para me persuadir
de que você também queria o mesmo

Mas eu me quero
me aceito, me despeço
Fecho qualquer brecha da janela do meu quarto
Para que nenhum vento me assopre e me assombre,
para que nenhum desconhecido entre

E para mim você agora é isso:
Um desconhecido que um dia conheci tão bem

Insistências

Estou deixando você livre
Mas tudo que você é
Tudo que eu sou
Tem um pouco do que somos juntos

Eu não vou lhe pedir para ficar
E não vou pedir para me amar
Mas se você quiser
Se você puder ficar
Fique

Eu nunca li nada sobre o amor
que resuma o que sinto agora
Eu olho para fora e para tudo o que vejo
existe uma lembrança correspondente
Eu olho para dentro tentando buscar uma resposta
E tudo o que encontro é você

Eu não vou lhe pedir para me amar
Mas eu o amo
E a cada vez que digo isso é um grande alívio

Eu vou continuar dizendo o quanto o amo
Mesmo sem receber um
"Eu também"

Mas se você quiser
Se você puder ficar
Fique!

A casa é sua e o meu amor também

Partidas

Muitas vezes lamentamos
a ausência de pessoas importantes
Algumas partem em vida; outras, para além da vida
Mas independente do tipo de partida
Perder alguém é dor das mais doloridas

É um processo que envolve negação,
dor, aceitação, dor, saudades
São lágrimas que invadem
e escandecem os alardes da alma
São perfumes, músicas, objetos e lugares
Você vê o outro em tudo, menos ao seu lado

Quer lembrar-se de si e ser feliz na própria companhia
Mas aí percebe que o outro deixou de viver a seu lado,
mas ainda vive dentro de você
Que o outro parte, e continua sendo parte de você
Que você é uma coleção de amores, momentos,
fragmentos de si

E de outrem que outrora lhe fez bem, e agora
se faz uma linda história na memória

Passarinho

Eu não desisti de você
Eu apenas abri mão
E isso não significa que tinha você nas mãos
Eu tinha você dentro de mim

Eu apenas o soltei
E se você voar
Bem...
As memórias vão ficar

Somos livres para traçar nosso próprio destino
E se quiser ficar, ótimo
Se não quiser, tudo bem
Você tem asas, e eu também

Podemos voar juntos
Ou podemos migrar para territórios opostos
Ou nem precisamos voar
Só ficar em nosso ninho

Mas se tiver de voar sozinho
Voe
Eu não desisti de você
Eu apenas o soltei

Passarinho!

Saudades

Quando você sentir minha falta
Feche os olhos: estarei sempre perto de você
Se a saudade do peito salta
Perdoa
Ela é peralta
Esperta, ela pula, faz pirueta, aperta a alma

Ela foi dar umas voltas por aí
E quando pensamos que havia partido
Se abriga em uma música ou em um lugar
E só espera a gente chegar
Para nos pegar desprevenidos

Quando você sentir minha falta
Abra os olhos: eu estarei perto de você
Esperando seu abraço ansiosamente
Pois finalmente, a saudade o devolverá para mim

Saudade danada, não sei se a adoro ou se a crucifico

A mesma saudade que me parte em pedaços o faz voltar...

Quer saber?
Que ela não volte mais
Que você venha para ficar
Que venha até sem estar

A gente se encontra em uma música
Em um toque
Em um nome
Ou em qualquer memória nossa...

Indiferença

A indiferença dói
É uma dor referida
Uma dor não localizada
A dor da partida

A dor da ida
A dor da vinda
A dor do ainda
A dor do nada

Não há mais nada ali
Não há mais ninguém
É pior do que ser odiado
É sequer ser lembrado

O silêncio é cortante
É uma faca que fere a todo instante
Não se sabe o que está por trás dele
São chamas quentes de saudade

No silêncio calam-se infinitos
Gritos mudos
Quem dera pudesse calar minhas memórias
Te expurgar pra fora de mim

Quem sabe assim
O preço da tua indiferença
não fosse a doença
que me lança em maus lençóis

Quem sabe assim eu me esqueça
que estive em teus lençóis
Quem sabe eu esqueça que estive em teus braços
Aí é que tá — eu não quero esquecer
De ti só tenho as memórias — e isso é tudo

Eu te (ch)amo, mas o teu silêncio
é a mais dolorida das respostas

Perpétuo

Queria esquecê-lo por um minuto
Mas por onde olho, você está em tudo
E mesmo ao fechar os olhos
Vejo-o em sonho

Você está no café da manhã
Está quando escovo os dentes
Está quando penteio meus cabelos
Está no perfume que sinto por aí

Você está no parque que a gente ia
Está nos filmes que a gente viu
Está no seu nome que leio em algum canto todo dia
Está na sua sobremesa favorita

(E olha aí você de novo, em mais uma poesia minha)

Você está quando me esqueço de descer no ponto
Lembrando do ponto em que a gente se encontrava
Você está nas crianças que vejo por aí
Está nas músicas, nos museus, nos heróis, nas fantasias

No presente
No passado
E em um futuro que a gente nem chegou a viver
Você está nos lugares que nunca esteve

Você está em tudo
E talvez eu não queira tanto assim esquecê-lo
Pois, afinal
Você também está em mim

Tanto

Ontem era tudo que eu tinha
Hoje é o melhor que eu já tive
Viver qualquer um vive
Mas hoje vivo sozinha

Sem o bálsamo dos teus olhos
Sem o brilho das tuas palavras
Sem a sonoridade dos teus versos
Somente o eco, o oco das noites frias

Anestesias minh'alma em eterno êxtase
És o antídoto, mas preferes ser síntese
Procuro o método que usou para me apagar
Me ensina como deixar de te amar

Tanto assim

Venha

Venha e me revire do avesso como você sempre faz;
confesse que eu lhe trago um pouco mais de paz.

Venha e veja o que você fez comigo;
minha melhor versão só existe ao seu lado
e o melhor verso se tiver você.

Venha e chore baixinho suas lamúrias;
me fale um pouco dessa sua insegurança,
que não lhe deixa se doar pra mim.

Venha aqui no meu quarto, pule a janela, mas faça
silêncio pra não acordar o amor que eu sinto por você.

Venha, mas não desperte a voz do meu coração,
que bate feito liquidificador quando escuta você falar.

Venha que eu não aguento mais essa saudade que
invade toda vez que eu atravesso a cidade
com sua imagem atravessada em mim.

Venha e descanse um pouco, tire essa sua roupa
e faça amor comigo mesmo sem me amar.

Venha e fique um pouquinho, mas não demore muito,
pois um minuto é o suficiente pra minha mente
nunca mais esquecer você.

Venha e pode partir como você sempre faz;
eu já estava acostumada com a sua ausência
e a superei dez dias atrás.

Venha e ao sair leve toda essa saudade
que eu sinto por você; leve as suas roupas,
o amor e as memórias que eu guardei na gaveta.

Venha.

Embora

Dos inúmeros passados
Das portas que já abri
De todos os passos dados
Você sempre esteve aqui

E embora o futuro
Seja um tanto quanto incerto
O meu "sempre" que passou
É um futuro ainda oculto

Pois não importa o que virá
Já não me apetece o passado
Quando você está presente
Nada fica complicado

É tudo leve, quente, certo
Nunca frio, nunca um peso
Quando é, a gente sente
O amor dentro da gente

E embora o tempo mestre
Torne o futuro presente
Seu fio branco evidente
Seu amor mais tênue

Embora as rugas apareçam
Embora os dias se abreviem
Embora as memórias esvaneçam
Embora? Não irei jamais

Invisível

Se você pudesse ver,
Veria que todas as vezes que o abraço
Minha alma se ilumina.

Se você pudesse ver,
Veria que todas as vezes que você me (ch)ama
Minha alma faísca.

Se você pudesse ver,
Veria que todas as vezes que você chega
Meu corpo estremece.

Você é o desfibrilador que tirou meu coração da inércia.

Catarse

Eu demorei a perdoá-lo
Demorei a experimentar
a sensação libertadora do perdão
Demorei a expulsar você
e as lembranças de tudo o que fez comigo
Demorei a tirar de mim essa culpa que me atribuía

Mas eu sabia que, no fundo,
Você era tudo que temia que eu fosse
E eu me tornei, de fato, uma mulher para se temer
Eu tirei todo o lixo que você deixou na minha vida

A faxina foi intensa, durou semanas, meses, anos
Mas eu joguei tudo fora
Até que não sobrou mais nada
Nenhum sentimento

Nem ressentimento
O perdão foi como um antídoto
para curar o estrago que você fez em mim
Você não merecia nada, nem meu perdão
Mas hoje profiro essas palavras
como um alívio para a alma

Deus que me perdoe, mas eu perdoo você

Quebra-cabeça

Existem pessoas
Que não vem em vão
Mas feliz ou infelizmente
Elas partem, se vão

São como ioiô
Que vai e depois volta
Mas, de tanto a gente brincar, uma hora a linha solta
E cai

Neste momento eu te impeço de voltar para o meu colo
De pedir o meu abraço
quando as peças na sua cabeça não se encaixam
De voltar para o espaço que sempre foi seu
Mas que aos poucos se fecha

Então
Se despeça
Não me peça
Pra ser peça
Pois eu sou o meu próprio
quebra-cabeça

Liquidez

Senti um prazer imenso em conhecer você
Um desprazer maior ainda em desconhecer
E em não mais me reconhecer após sua partida
Não escutar você cochichando
"acorda, querida, trouxe o seu café"

É
Você me trouxe o café tão quente quanto o nosso amor
E eu bebi sem me preocupar em queimar a boca
E me aquecer com um sentimento amargo

Mas eu não sabia
Eu não sabia que chegaria o dia em que o café esfriaria
Não sabia que ia acordar e não ter você por perto
E que o grito abafado ecoaria no deserto do meu peito

O café esfriou, e o nosso amor também
O líquido que um dia me aqueceu derramou
Fomos mais uma vítima do amor líquido
Que um dia você tanto criticou

O pior é que no fundo
Bem lá no fundo
Eu sabia

(L)ar

Moro em uma casa no topo da árvore
Uma casinha de madeira envelhecida
Suas paredes pequenas
são testemunhas de grandes histórias
E foi lá onde escrevi os melhores momentos da vida

Costumo dizer que você é meu lar, minha morada

Você é como minha casa na árvore, pois é pra você
que eu corro quando não tenho estruturas

Você é como minha casa na árvore
pois me deixa livre para entrar e sair, todos os dias

E é pra você que eu sempre volto
Eu sempre volto para ouvir os seus poemas repetidos
que soam como o canto dos pássaros
Eu sempre volto para escrever histórias
nas paredes do seu coração
Eu sempre volto, e você abre a porta e a aorta
para eu entrar

Pois você
Você é como uma casinha na árvore
onde posso ser sempre criança
que ri
chora
brinca
e dança

Você é como uma casinha na árvore, pois na natureza
é onde me perco, me procuro e me encontro

As árvores são o pulmão do mundo,
e ao seu lado eu posso respirar melhor

Você é como uma casa na árvore pois,
ainda que eu more em outras casas,
você vai continuar sendo o meu lar preferido

E se um dia o galho quebrar e a casa cair
Não mais viverei na casa
Mas a casa sempre viverá em mim

Miopia

A luz lá de fora não passa pela janela do meu quarto
Eu não tinha noção de que o mundo do lado de lá
estivesse tão cinza
Porque o nosso mundo tem uma cor
que não foi reconhecida ainda
Mas é vibrante, quente e forte
E só pode ser percebida pelos nossos olhos

Olhos cansados, fatigados e ansiosos pelo reencontro
Olhos que esperam olhar dentro dos teus
Olhos que não veem muito, mas te enxergam tão bem
Até quando se fecham

E até quando sonham
Os meus olhos sorriem quando veem os teus
E os meus óculos até se quebram
Minhas lentes de contato vencem

Mas eu ainda te vejo nitidamente
Ainda consigo te ver mesmo a distância
E a miopia que a tua ausência tenta impor
Só me faz querer te ver mais perto

Porque o mundo lá fora está meio cinza
E o mundo aqui dentro só tem cor
Porque emerges até pelos meus poros
E as nossas cores formam um arco-íris
após a tempestade

Então, aguenta aí, amor
Porque eu estou aqui por nós
Esperando o tempo abrir e podermos brincar lá fora
E aqui dentro é primavera toda vez que te vejo chegar

Toda vez que te vejo chegar, a pupila dilata
A luz entra e reflete no ponto certo da minha retina
Nem à frente, nem atrás, nem distante
Eu te quero por perto

Posse

Você foi a melhor coisa que eu nunca tive
Talvez você só tenha existido na minha cabeça
Mas confesso que não
Você também existiu no meu coração

Mesmo que as versões falsas, criadas
e invertidas de você dessem um colorido a mais
Naqueles momentos você me trouxe paz
Naqueles momentos era real mesmo sem ser
Naqueles momentos você existia,
mesmo que apenas dentro de mim

Mesmo que tudo não tenha sido tão sincero
da sua parte
Mesmo que para você fosse só fantasia, poesia ou arte
Tudo se transformou em magia, depois em alegoria
Depois nada

Mesmo que tudo fosse nada
E que nada para mim fosse tudo um dia
Mesmo que você tenha me alimentado
de partículas de sentimentos e carícias
Por dó, quem sabe, você sempre ficava

Mas agora você partiu de vez
E em vez de chorar como sempre fiz
Sorri porque o peso da mentira já não me encurva
as costas, já não me desvia o caminho
Mesmo assim, foi bom ter você, e melhor
perder de vista

E que bom que a sua memória me visita
Que bom que o tempo pulsa, pula, passa
Que bom que o ponteiro muda de lugar
Que bom que tenho me lembrado de quem sou
e de quem jamais quero voltar a ser

Tchau*

Quanto tempo faz que já não vemos a cor do nosso amor?
Quanto tempo faz que a rima não rima,
a alma não declara e o beijo não tem sabor?
Quanto tempo faz que o tempo não para
quando nos olhamos?
Quanto tempo faz que não nos embrulhamos
num abraço de perder o ar?

E qual foi a última vez que o gosto dos nossos
momentos foi sentido como se fossem os primeiros?
A última vez que fomos jantar,
a última vez que o papo não foi sobre os filhos,
sobre o trabalho, sobre a rotina e o lar?
Qual foi a última vez que você me esperou chegar
ou me olhou enquanto eu dormia?
A última vez que você riu
das minhas piadas sem graça, quando foi?

Eu já não me lembro como é amar você
Já não me lembro como é ter borboletas no estômago
Não lembro como é ter você no âmago de mim
Eu não percebi o amor escoar pelo ralo dos nossos dias

E as fusões que nos tornaram um
Nos fizeram donos de nós mesmos
Quem somos nós quando estamos sós?
Há um adeus preso em nossas gargantas

Mas quem vai dizer adeus?

* Inspirado na música *"Quem vai dizer tchau?"* (Nando Reis).

Tu

teu peito, abrigo
teus olhos, alento
tua ausência
castigo

teu canto invade
teu riso, covarde
teu toque
acende

com ânsia de ti
soluço saudade
espirro teu nome
respiro a ti

e no transporte
no caminho
tu és o aporte
és carinho

desejo que
o teu cafuné
e tu
não saiam

da minha cabeça

Nosso "nós"

Eu quero um cantinho só nosso
Com a nossa bagunça ajeitada
Os nossos gatos pela casa
E teu colo para ficar deitada

Eu quero sinceridade
Um "eu te amo" somado à atitude
E uma relação de verdade
Longe da superficialidade

Eu quero integridade
Pois pela metade eu só aceito
Um lugar no nosso colchão de solteiro
E um pedaço do travesseiro

Eu quero intimidade
Além dos corpos em chama
Que as almas se chamem
E se conversem

Eu quero sentir saudade
E saber que te vejo ao fim da tarde
Desejando te ter até o fim da vida
E te amar além dela

Eu quero fundir nossos planos
E fazer parte dos teus anos
Criar os nossos filhos
E que eles tenham os teus olhos

E que o nosso quartinho
Se transforme em casa cheia
E que a vida transborde
Para além do nosso "nós"

Perdão

Me perdoa por te trair
Me perdoa pelas inúmeras vezes
em que fui dormir sem dizer "eu te amo"
E pelas vezes em que sequer te dei bom dia
Me perdoa por não dar a devida atenção
às tuas pequenas conquistas

Me perdoa por não te perdoar
Por não te amar como gostaria
Me perdoa por criticar duramente os teus defeitos
Me perdoa por voltar para quem nunca te valorizou
Me perdoa por te alimentar de ilusões
e depois te destruir, te culpar, te ferir

Me perdoa por não confiar na tua capacidade
Me perdoa por não te levar pra jantar
no teu restaurante preferido da cidade
Me perdoa por te alimentar mal
Me perdoa por te ignorar quando algo em ti grita

Me perdoa por te calar
Me perdoa...
Me perdoa por me eu não te achar tão bonita
Me perdoa por não valorizar o teu reflexo no espelho
e o teu impacto no mundo

Neste quarto mudo
neste mesmo espelho me pego pedindo perdão
E me perguntando:

Como pude fazer tão mal a mim mesma?

Me perdoa, antigo eu

Assim encerro com o perdão e a promessa de amar
Acima de tudo
Quem não vai me abandonar
Apesar de tudo

Daniel

Daniel,
Você é uma joia rara
Uma edição limitada
Esculpida por Deus

Sorte de tê-lo
Guardado no lugar
Que resiste ao tempo,
Ao vento e ao ar,

No meu coração,
Na minha memória
Na mente, no espírito
Na luz do amanhecer

Sorte
Presente, privilégio
Ao ter a grande chance
De poder te conhecer

De dividir um tempo
Um espaço e um abraço
Um universo inteiro
Por toda a eternidade

Daniel,
Agora você é parte
Da minha história
Do meu céu

Uma história linda
Que será sempre lida
Na perene folha
Deste papel

Tapas na alma

O médico dá tapinhas no bebê para que ele chore,
pois o choro significa que ele está vivo.
O poeta dá tapinhas na alma do leitor para que ele chore,
pois o choro significa que ele voltou a viver.

A era do gelo

Uma curtida na foto,
Uma conversa no *direct*:
— Chama no WhatsApp.
— E aí, tudo bem?
— Gostei de você.
— Quando vamos nos ver?
— Que tal no próximo fim de semana?
— Ótimo, você paga o litrão! hahaha

Assim começa uma relação:
O suor da cerveja gelada escorre no copo,
Um, dois, três encontros,
O suficiente para a paixão começar a pulsar nas veias.

As mensagens de bom dia:
— Como foi o seu dia?
— Você é especial.
— Quando a gente vai se ver de novo?
Aos poucos são substituídas
por doses homeopáticas de silêncios;
Aos poucos tornam-se palavras vazias,
E depois responde-se só por educação.

Mas há alguém que sempre se apega
E outro alguém que facilmente o apaga,
Arquiva a conversa:
"Próximo contato".

As lágrimas escorrem pelo rosto,
O amor escoa pelo ralo,

E a relação termina por onde começou:
Por uma rede social.

E eu detestando assumir
que Zygmunt Bauman estava certo:
Vivemos tempos de amores líquidos;
Nada é feito para durar...
Mas ainda me pergunto: será?

No fundo eu ainda acredito na solidez de um amor real.

O que o dinheiro não compra

Estava na feirinha
Coloquei na cesta o amor
Fiz estoque de amizade
E peguei um pouco de reciprocidade

Quando fui passar o cartão
A moça me disse sorrindo
— Esses itens a gente não cobra

Nos bastidores

Por trás dos bastidores
Existem dores invisíveis
Lugares desconfortáveis
Diversos insucessos

Há filmes não fictícios
Momentos incapturáveis
Pelas lentes das câmeras
Pelos olhos do fotógrafo

Há lágrimas ocultas
Cicatrizes vulneráveis
Como se fossem abrir
Formar novas feridas

Há o não especular
O medo que tremula
O plano que não vinga
O enigma impossível

Por trás do triunfo
Há esforços secretos
Que muitos consideram
Pura sorte do acaso

Ela se esqueceu de voltar

Certa vez ela ouviu um conselho:
— Se quer chamar a atenção de alguém,
pare de lhe dar atenção...
Ame-se mais, cuide-se;
Preencha-se de si mesma;
Certamente ele vai perceber o que perdeu.

E foi o que ela fez:
Com algumas recaídas,
Ela se levantava,
Transformando em recomeço.

E o processo de se amar
Era recaída, retrocesso,
Um longo passo,
Tropeço.

Sucesso!

Ela se arrumava pra ela,
Saía com ela mesma,
Ria das próprias piadas,
Saboreava da própria sobremesa.

Surpresa!

Então foi assim que ele notou quem perdeu:
Voltou, chorou, prometeu.
Só que esqueceram de dizer a ela
que seria tarde demais.

Ela já não precisava mais dele,
Pois ela se amava.

E, se amando,
Jamais voltaria para quem lhe feriu.

Amor de brincadeira

O amor é como uma gangorra difícil de equilibrar:
Nunca se sabe quem vai sair ileso,
Muito menos quem tem maior ou menor peso:
O que importa é brincar.

Se existe um lado que pesa,
O outro suporta o pesar.
Existe um lado que pisa,
E outro que paira no ar.

O amor não está no peso: está na leveza,
na intensidade, na reciprocidade e na partilha.

Como em uma gangorra, é necessário sincronia
na sucessão de impulsos em busca do equilíbrio.

Quando um lado é responsável
por manter o outro nas alturas,
É também responsável
por trazê-lo novamente à terra firme.
Mas, quando atingimos o ápice da altitude,
sentimos que estamos voando
E às vezes estamos caindo...

Na gangorra ninguém quer brincar sozinho.
No amor, ninguém quer amar por dois.

O amor não é uma brincadeira solitária.

O que é o amor

O amor é essa inundação indiscreta e indescritível
É essa coisa linda, essa coisa lida
É a própria vida pulsando no peito
Tem a paz que o mar traz

Não liga para cor, lugar ou idade
Torna o lugar um paraíso, torna tudo colorido
O amor faz um segundo se tornar eternidade
O amor escolhe pela gente

Às vezes nos surpreende
Nos rende, nos prende ao passo que liberta
Nos torna amante, amigo, poeta
É um livro de terror, drama, romance ou aventura

Há quem diga que o amor nos fere
Outros que o amor não dura
Há quem diga que o amor transforma
E outros que o amor cura

É, Drummond: digo que o amor
é tudo que cabe no breve espaço de amar

Do coração

O semblante está
Distante de minha face
Os olhos marejados
Estão entorpecidos

A boca ressecada
Sussurra um pedido
Mas não se ouve nada
Apenas um zunido

Não me resigno
Aos pedidos do verbo
Analiso meu caso
Componho um poema

Poema composto
Por certo desgosto
Beirando o silêncio
Quase não sai

A boca não diz
O ouvido não ouve
A mente não processa
O peito bate forte

Pois o órgão que toca
A voz que resplandece
E ultrapassa a razão
Só pode ser a voz

Do coração

Em busca do que já encontrei

Às vezes eu procuro tanto uma coisa,
Reviro as gavetas,
Olho sob os móveis,
Vejo debaixo da cama.

Chamo minha mãe, que diz:
— Se eu for aí e achar, você vai apanhar.
E ela me aponta o local mais óbvio possível.
— Já olhei ali, eu juro.

Às vezes, distraída,
Procuro algo que estava bem na minha mão.

Às vezes a gente procura um amor,
Revira a cidade,
Olha os aplicativos,
Até marca alguns encontros,

E distraída com essa busca não percebe
Quem manda aquela mensagem de bom dia,
Quem chora com a gente no dia a dia,
Quem se alegra com a nossa alegria,
Quem segurava nossa mão quando todo mundo partia,
Quem sempre nos viu, mas a gente não via.

Às vezes a gente procura um amor
E não percebe que ele está ali,
Bem debaixo do nosso nariz,
Bem dentro do nosso coração.

Ninguém é substituível

Ninguém é substituível
Ninguém vai preencher o vazio deixado em seu coração
Não dá para trocar de relação na intenção
de que alguém dê a mão para levantar você
do abismo ao qual foi empurrado
Ou ao qual você mesmo se jogou

Recomeçar exige tempo, e as pessoas não são iguais
O ser humano é um ser uno na sua multiplicidade
E é isso que faz com que cada relacionamento
seja diferente

Recomeçar é encerrar ciclos
aos quais estamos apegados, e isso não é fácil
Recomeçar não é acordar em uma segunda-feira
e apagar o número de alguém

É entender que um amor não se cura com outro amor
E que nessa busca você pode magoar pessoas
que realmente gostam de você
Em vez de se curar, você pode ferir outro
E, mais ainda, a si mesmo

Recomeçar é respeitar seu próprio tempo para
transformar pessoas importantes em memórias bonitas
Cada um tem o tempo só seu para fechar as feridas,
fechar as portas e as janelas do passado
e permitir-se viver uma nova história
Com a alma leve, livre de traumas e dores,
cada um tem seu tempo de cura
E um amor não se cura com outra dor

Um amor leve

As palavras fogem, e o tato se perde
Frases, textos, juras e declarações
já não são mais o nosso ponto forte
A gente só quer um amor de verdade,
uma relação concreta
que, em vez de levantar muros,
escancare as portas da alma

Queremos troca, queremos verdade
Queremos e merecemos sinceridade
Somos tudo aquilo que sentimos
E o sentimento nos torna vulneráveis

Amar é para os fortes, e a vulnerabilidade
não nos torna fracos
Há um estado de torpor e sinestesia completa
que nos afeta
Nos faz ver o melhor e o pior que há no outro
E ainda assim abrir o peito para receber tudo o que ele é

O amor é fácil, é leve, cabe dentro do bolso
Porque é volátil e consistente ao mesmo tempo
E é esse amor que nós queremos
Sem tantos enfeites, adornos e adereços
Que o carregam e o pendem para baixo

Queremos um amor real
Que esteja ali pela gente
Que nos deixe vulneráveis
Pois é o risco que se corre

Mas que não nos destrua
Não nos fira e nem enfraqueça
Que apenas nos reafirme
Que nos transforme

Medo de ser feliz

E por medo de sofrer, ela sofreu
Por medo de perder, ele perdeu
Por medo de errar, ela errou
Por medo de ter medo, ele não foi

Por medo da resposta, ela não disse
Por medo de perguntar, ele não soube
Por medo de amar, ela amarelou
Por medo de ficar, ele partiu

E por medo, eles iam se privando
Por medo, eles iam se adiando
Por medo, eles iam se esquecendo
Por medo, eles... — eles somos nós

Temos medo de ser felizes
Medo do que sucede a felicidade
A gente tem medo de a história se repetir
E a gente tem medo de já saber o fim

Mas que mal é esse?
Que o amor envolve temor?
Que a felicidade envolve a tristeza?
Que teme mesmo o mais destemido?

Que a gente viva
Cada momento como se fosse único
Que a gente ame, se entregue, sem medo
Que o medo não nos paralise e não nos impeça

De fazer o que a gente quer
De amar quem a gente ama
De ser amado por quem a gente ama
De ser feliz e ponto-final

Generalizações

Tem muita garota quebrada por dentro por meninos
que até a olham pelo lado de fora, mas não a enxergam
Tem muita mulher bloqueada por um passado
que a fez desacreditar do amor
Tem muito homem bacana sendo rejeitado
porque não tem grana ou o carro do ano
Tem muito garoto apaixonado que se queixa
de ter amado e colecionado decepções
Tem muita mulher falando por aí
que homem não presta
E muito homem esperando uma fresta
para contar quantas beijou na festa

Fato é que tem muita gente mau-caráter sim
Mas também tem muita gente incrível no mundo
Algumas vezes elas estão em casa sofrendo por
injustiças, traumas causados por pessoas do passado
Que muitas vezes deixam inseguro
qualquer plano futuro

Mas às vezes essa pessoa sai para comprar pão,
para ir à faculdade
E percebe que ainda há chance de amar de novo
E que, na vida, não é o homem
ou a mulher que não presta
É o ser humano, falho, em processo de evolução
e carente de empatia

Nesses tempos é preciso resgatar o protagonismo
de nossas vidas, não permitir que nada nos domine

Que nada nos limite e nos impeça de abraçar novas
chances, de testá-las para abrir outras portas distintas
Então não se esqueça de sentir cada emoção
como sendo única, pois ela sempre é
De conhecer cada pessoa como se ela fosse singular,
pois de fato ela é
Porque na verdade tem muita gente generalizando
E pouca gente, de fato, amando

Amor próprio

Certo dia, ela se refez
Não se reconstruiu apenas por fora
Ela decidiu transformar a dor começando por dentro
Tratou de tirar as amarras do peito,
decidiu jogar fora o que já era

Era uma vez, já foi, não é mais
E viu-se feliz com a paz que a aceitação traz
Olhou para trás e percebeu
Estava na hora de dar adeus

Despediu-se de si para renascer
Despiu-se de si, para voltar a ser
Uma, única
E singular

Não sozinha
Mas repleta das diversas elas que havia nela
Voltou a ser por si mesma e para si
Ornou a cabeça com a coroa que era dela

E encerrou os ciclos que não faziam mais sentido
Mas que a cada vez que eram repetidos
Abriam ainda mais as feridas
De um passado mal resolvido

Então viu-se de novo inteira
Era como se o perfume emergisse
Era como se os lábios se corassem
Era como se os cabelos se alinhassem

Ela estava bela
Plena, segura e confiante
Ela sabia que o seu coração era raro
Não devia ser entregue a quem só viesse admirá-lo

Então
Desta vez foi tudo diferente
Houve alguém capaz de morar nesse coração
sem bagunçar a casa
Alguém que a divirta

Alguém que nunca apague a sua luz
Mas que junto com ela consegue brilhar
Pois o amor voltou a acender
E todo esse amor começou com o amor próprio

Pseudoamor

Observe os sinais que a vida constantemente emite
Saiba identificar quem merece tudo de você
Não há problema em guardar seu amor
numa caixinha dentro do peito
Por mais que o amor, latente, implore por transbordar

Enquanto a gente não tem com quem dividir
Que pelas bordas das caixas ele escorra
por seu próprio ser
Que a gente se banhe, se nutra, se renove
no amor da gente
Em um amor presente, sem preocupar-se com o porvir

Que a sua intensidade seja sua guia

Pois ser intensa não a limita quando você investe
sua intensidade em quem reconhece o seu valor

Sua intensidade se expande, se intensifica ainda mais
Sua intensidade é o subsídio do seu amor
E o amor é um multiplicador de sonhos,
não um destruidor

Resista ao pseudoamor: você merece ser feliz
por completo

Amor por quem?

Por amor, nós permitimos que o outro continue
nos magoando
Procuramos entender os motivos de suas atitudes
e muitas vezes
Nos sentimos culpados por não sermos
suficientes para esse alguém
Acreditamos que somos feridos porque merecemos

Acreditamos que somos feridos por "não comparecer"
Por sermos falhos, ou por não sermos dignos
de ser amados
Por amor, nós perdoamos todos os erros
Por amor por quem, meu Deus?

Por amor por qualquer um que não a si mesmo
Doamos o nosso amor, uma parte de nós mesmos
A alguém que faz pouco caso, que não quer receber e que
Tampouco é digno de tudo o que somos

Nós morremos um pouco mais a cada vez que
colocamos nossa felicidade nas mãos de outra pessoa

Morremos um pouco quando negamos a nós mesmos
o direito de amar e receber amor
Morremos um pouco quando damos poder a alguém
para continuar nos magoando
Morremos quando repetimos os mesmos caminhos,
como um cão que corre atrás do próprio rabo
Mas não se encontra e nem se reconhece mais

Sem regras para amar

Não precisa ser do mesmo mundo.
Não precisa ser do mesmo universo.
Não precisa ser igual para dar certo.
Não precisa ser perfeito.

Quando nos conectamos com outro mundo
E com o mundo que se instala em cada um de nós,
Os mundos se fundem e se transformam
E se ligam em um só mundo, a sós.

Somos distintos, infindos,
Coloridos ou cinzentos,
Somos belos, somos lindos,
Somos mundos inteiros.

Ele, da ciência; ela, do verso.
Ela, da poesia; ele, fantasia.
Ela, aventura; ele calmaria.

Ela, artista; ela, dentista.
Ele, palmeirense; ele, santista.
Ele, um rapaz; ele, também.

Dispostos a amar
O universo que o outro é
E criar outro universo.

Só nosso.
Só delas.
Ou só deles.

Universo que se expande
Para além do verso,
Para além da rima,
Além da vida.

Ambivalência

Te amo quando chego tarde
E estás presente mesmo sem estar.
Quando me abraça e apoia o queixo na minha cabeça,
E como, ao seu lado, perco e recupero o ar.

Amo como o tempo parece que para,
Mas detesto quando dá a hora de ir embora;
Detesto quando chega o teu ônibus,
E volto a amar porque sempre esperas o próximo.

E por falar nisso,
Amo quando caminhamos abraçados
E nosso andar fica desajeitado
E rimos, mas nunca acertamos o passo.

Amo quando me olhas,
E me vejo refletida nos teus olhos.
Amo quando me tocas,
Amo quando falas.

Mais ainda quando calamos,
E o silêncio parece falar por nós.
Tudo estremece e se apetece,
E toda insegurança desaparece.

Amo quando me beijas a boca,
E até parece que me beijas a alma.
Amo quando um simples carinho
Tem o mesmo efeito de um cafuné.

Acho mesmo que estamos ligados
Por alguma artéria que une nossos corações.
Mas ainda que um dia ela se rompa,
Nossos corações jamais serão inteiramente nossos.

Feliz ou infelizmente o meu amor é teu,
E sempre farás parte de mim.
É por isso que odeio te amar tanto:
Porque te amo até quando te odeio.

Costume

A gente se acostuma
Com a mensagem de bom dia
A levar café na cama
A se encontrar todo fim de semana

A gente se acostuma
Com alguém se preocupando com a gente
Para ser o apoio depois de um dia cansativo
Que diga que você é linda, quando você mesma não acredita

A gente se acostuma a dizer um "eu te amo" e
ouvir um "eu também"
Se acostuma com o sorriso, com a voz, com o carinho
Se acostuma a sentir que está junto,
mesmo estando sozinho
E se esquece que está

A gente se funde no outro
Cola feito superbonder
A gente se conecta com quem o outro é
E até as manias dele se tornam nossas também

A gente se acostuma a ter um porto para voltar
quando a tempestade chega

A gente faz do outro nosso aconchego
E se esquece de que ele não estará ali sempre

E se esquece de quem a gente era antes
A gente se acostuma a colocar o outro na base
E não há mal nisso
Desde que o outro não seja a nossa estrutura inteira

Afinal a gente se refaz e aproveita quando tem alguém
para dividir a vida
Mas se acaso não houver ninguém
Que a gente se acostume a ser feliz
Com alguém que nunca vai partir
enquanto a gente viver

Nós mesmos

Simplesmente acontece

Ela ficou dez anos com alguém
Queria algo além, um casamento talvez
Mas ele, por sua vez, dizia que no momento
não tinham dinheiro
— Vamos deixar para pensar nisso em janeiro

Janeiro, fevereiro, março
O espaço foi se tornando escasso para dividir
um apartamento
Logo eles não queriam dividir mais nem um momento
Não sobrou mais nada, nem o sentimento

Talvez o sentimento nunca tenha sido suficiente
O parceiro era um parente distante, para quem
ela nunca quis abrir a porta para entrar
Mas, quando abriu, acostumou-se com a presença
Com a conversa extensa

Na verdade, nunca foi amor
Sempre foi carência

Os planos que eles tinham ficaram no passado
Presos nas garras da rotina, da convivência

Ela decidiu que não ia perder mais tempo
com quem não a transbordava
Decidiu se transbordar sozinha

E então
Certo dia

Enquanto caminhava
Tropeçou em um rapaz

No mês seguinte se casaram
Tiveram três filhos e dois cachorros

Nunca é o dinheiro, nunca é o tempo,
é sempre a conexão

A pessoa certa nunca vai cortar suas asas
Vai lhe dar mais motivos pra sair do chão
Vai lhe mostrar o quão alto você é capaz de voar

Então, você entenderá que sentimento,
conexão e reciprocidade
Não se forçam, simplesmente acontecem

Há muitas em mim

Eu acho que até tento me achar
Me procuro, me encontro e de novo
Me perco a milhas e milhas de mim
E quando penso me conhecer...

Estou eu de novo a me esquecer
E não importa o quanto me perca
Sempre que eu estiver perdida
Estarei aqui para me convencer...

Que pelo paradoxo de minhas versões
Pelos mistérios dos meus versos
Eu sempre estive aqui e sempre
Sempre estarei...

E se há algo que me dissocia
Que isso se reverta e me associe
Me integre, me complete
E por fim me complemente

Pois sei que sozinha não posso muito
Mas há várias mulheres em mim
E todas elas juntas são tão fortes
Que nada é capaz de detê-las

Orgasmo da alma

Eu sou como os meus prazeres
Não estou em qualquer lugar
Tenho um ponto para tocar
E este não se toca com os dedos

Desperto a melhor versão
Não com o toque da sua mão
Nem com seus versos vãos
Não revelo meus segredos

Meu ponto G
Pode ser A ou C
Alma e coração
E digo mais

Ora, na hora H, oral não basta
O discurso é implícito
Você não me lê pela boca
Nem pelo tom da poesia

Não me reconhece na fantasia
Mas por minhas realidades
Por minhas fragilidades
Não pela intimidade

Mas pelo íntimo
Por cada fragmento meu
Pela sinergia de nossas almas
Pelo compêndio que me compõe

Então finalmente
Nossos corpos sentem-se
Sentam-se e conversam
Atingem o orgasmo da alma

Bem me quero

É preciso ter respeito pelas emoções do outro
Pelo espaço do outro
Pelas significações próprias de cada um

A sinceridade e a verdade podem doer
Mas jamais farão o mesmo estrago que a ilusão
Pois é difícil sustentar esperanças em areias movediças
Quando você planta raízes em solos
que sugam seus nutrientes afetivos

Quando ora bem o querem, ora mal o querem por perto
Quando ora tanto fazem, ora tanto faz
É preciso sinceridade e segurança nas suas escolhas
É preciso empatia pelos sentimentos dos outros

E muito amor próprio para lidar com as decepções
E entender: muitas vezes, somos nós
Que depositamos expectativas no que já está explícito

Mas, por ora, há pessoas que criam em nós um desejo
Que não podem suprir
É preciso maturidade para entender
Se não há reciprocidade, é melhor que não haja nada

Se alguém o quis mal, queira-se bem

Quero-me

Quero-me por inteiro
Sorrindo por meus méritos
Saudando meus impetuosos raios
Sondando meus mistérios

Quero dar-me o colo
O conforto, o singelo
O silêncio que confronta
A mão que levanta

Quero-me vibrante
Pernoitando meus eus
Perdoando meus erros
Surtindo meus efeitos

Quero-me nua
Deslumbrando meu corpo
Dedilhando minha cintura
Desvendando o limiar de mim

Quero-me assim
Mesmo sem querer ser
E carregar o pesar
De minhas intensidades

Quero-me até crua
Azeda e fajuta
Sentindo tudo com força
Até que venha a cura

Vou lapidando-me
Mesmo que doa
Mesmo que sangre
Ou me desfigure

Quero-me transposta
Disposta a ser quem sou
Diante de um coração
Que insiste em amar

Quero domar minh'alma
Me lançar em mergulhos seguros
Tornar-me dona dos meus passos
E caminhar em direção a mim

Quero-me

Síndrome de super-herói

Pare de achar que você pode resolver
todos os problemas da sua família,
do trabalho, do mundo.
Você não precisa dar conta de tudo, dos complexos,
do ambiente que você compartilha.
Muito precisa ainda ser trabalhado para que
o seu próprio mundo interno possa ser melhorado.
Pare, pare um pouco, eu sei que você está cansado.

Veja: tudo o que vem alcançando são conquistas suas,
e você não tem dado o devido valor.
Por menor que seja, por menor que pareça o passo,
você está avançando.
E parar um pouco não significa ficar estagnado:
É preciso respirar, olhar o jogo.

Descansar e seguir em frente com a convicção
de que você não tem poderes especiais.
E que tudo bem se todas as coisas fugirem do *script*,
tudo bem se o outro agir de tal maneira.
E que por mais que doa, você entenda:
muitas vezes não há nada que se possa fazer.
Quando você já fez o que pôde,
é preciso deixar as coisas seguirem o seu ciclo.

É preciso deixar o outro seguir o seu próprio caminho.
É preciso compreender que, na dinâmica da vida,
você é uma peça.
Compreenda: de qualquer forma ela vai continuar
girando, e você terá de lidar com a impotência.

Desça um pouco do salto, limpe a sua lente,
caminhe para a frente. Olhe o jogo.
Você está fazendo o seu melhor.

Quanto vale a sua paz?

Você sabe o quanto vale a sua paz
Sabe das noites mal dormidas que enfrentou
Sabe o quanto se cobrou
Se traiu, se machucou
Para finalmente amadurecer

Você finalmente aprendeu a lidar com situações
que julgava impossíveis de resolver

Domou seus desejos
Vestiu a sua melhor roupa
Mudou o corte do cabelo
E guardou velhos momentos na gaveta do esquecimento

Você aprendeu que estar em paz
Vale muito mais do que estar na presença
de gente confusa
Gente que lhe oferece um dia de riso e
uma semana de lágrimas
Aprendeu que precisa cuidar
das suas próprias confusões, da sua integralidade

Aprendeu a lidar com suas inseguranças
e tirá-las de cena para que a tranquilidade reine
Aprendeu que, quando de fato se aprende, você nunca
mais volta para trás: seu caminho é para a frente
Quando a gente aprende, entende que nada
nem ninguém vale as nossas lágrimas
Que o retrocesso não vale o preço do sucesso
que é estar em paz

Calma

Calma que a ferida um dia fecha
E a semente cresce
E o lugar se expande
E o coração consente

Calma que a cicatriz um dia vira enfeite
E toda a angústia se dissipa
E a nuvem também passa
E a chuva também cessa

Calma que o dia vira noite
E não precisa se esforçar
Calma e guarda o seu amor
Para quem for capaz de amar

Calma que a vida se encarrega
Que o vento se espalha
Que a chuva rega
E você floresce

Calma
Que sua luz brilha tanto
Que logo não caberá em você
E preencherá esse vazio

Solidão a dois

É tão ruim sentir que a pessoa não é mais a mesma,
Que não tem mais aquela empolgação ao vê-la,
Os olhos já não têm o mesmo brilho,
A mente parece distante,

E já não se pode mais ouvir o coração bater forte quando
a gente encosta o ouvido no peito dentro do abraço,
Até ele parece mais frouxo,
Como um laço fácil de se desfazer.
A pessoa lhe olha diferente,
Como se a qualquer momento ela fosse abandoná-la,

Como se as migalhas que ela lhe traz fossem
o suficiente para você.
Aí o tempo vai passando,
E a atitude denuncia o que a palavra nega,
Mas o pouco que o outro lhe oferece
ainda parece melhor do que o seu vazio interior,

E chega um tempo em que você decide
abandonar o barco,
Pois a âncora que o prende não lhe permite ir adiante,
Chega um tempo em que você pula na água
temendo se afogar,
E descobre que você pode nadar só, sem o peso
de uma relação vazia.

Mulher de faces

Forte, sobrevivente
Renasço em substância
Dou graça a minha essência
De aspirante à mulher que inspira

Me conecto com meu ser
Respingo as dores nas labaredas
Exalto minhas cavernas cinzentas
Acendo minhas chamas e ardo

Processo meus sintomas
Calo os pesares das perdas
Dedilho minhas fantasias
Abraço a luz que me guia

Sou tempestade forte
De mocinha à mulher loba
Correndo ao intrínseco de mim
Abro as portas e me recebo

Sinto meus pés tocarem o vento
Respiro o ar puro em meu peito
Quebro as vidraças da mentira
Me habito e me permito ser

Quem sou

Fantasmas

Quando crescemos percebemos que não é preciso
ter medo de fantasmas debaixo da cama.
Tememos mesmo são os fantasmas dentro de nós.
Os fantasmas na nossa mente,
que insistem em nos assombrar.

Percebemos que o que assusta
é quando um sentimento parece maior do que nós,
Pois, por mais bonito que ele seja,
É capaz de nos dominar.

Por mais que escondamos,
nosso cobertor já não pode mais nos livrar
daqueles monstros que poderiam puxar os pés.

Pois agora o monstro fora do cobertor está dentro de nós,

O monstro da dor que nos consome por inteiro é o
mesmo que nos abocanha pouco a pouco, dia após dia.
Mas vale lembrar que aqueles fantasmas da infância
costumavam ser produtos da nossa imaginação;
Talvez, nós é que criamos nossos próprios fantasmas
e nos tornamos a nossa principal assombração.

É difícil; a dor é tão grande que muitas vezes damos
um peso às dificuldades maior do que elas realmente
têm.

É preciso encarar os medos de frente
para que eles não se tornem maiores do que nós.

É necessário olhar para os sinais,
pois não há como nos esconder no guarda-roupas
quando um trovão se alarma dentro de nós.

Meros devaneios tolos

E no espaço entre a
inspiração e a expiração, proferi:
— Que vida doida!
E você me respondeu:
— Quem dera fosse tão doida
quanto é doída.

Eu

Eu preciso colocar uma lente de contato
e me enxergar por dentro
Fazer contato comigo,
perguntar o que tenho feito por mim
Entender os meus motivos para me sentir assim,
para sentir assim
Tanto

Reclamo de alguns abandonos, algumas partidas
Mas quantas vezes na vida eu já me abandonei?
Me abandonei em braços vazios
Me abandonei em dias frios
Em que eu precisava de um abraço
Meu

Eu me abandonei na minha cama
E quem adormecia dentro de mim
eram os meus próprios sonhos
Eu deixei de viver, eu morri,
mas a todas as minhas mortes eu sobrevivi:
Ironia

Para confortar tantos confrontos
Silenciar tantos medos, dúvidas,
sentimentos controversos
Sempre existe outros abraços, outros beijos
e outros versos
Sempre existe alguém que estará aqui,
pronta para me receber de braços abertos
e estender a mão para recomeçar:
Eu

Sinto

Sinto muito: sinto e reflito sobre o sentir
Sinto algumas partes de mim indo embora
a cada momento que penso sobre os sentimentos
e deixo de senti-los efetivamente
Sinto muito por aquelas perdas
que fazem a gente se perder, também
Sinto pelos abraços que a gente queria ter e não tem

Sinto muito que as pessoas precisem passar
por dias tão difíceis
Sinto muito por não poder fazer muito por elas, também
Sinto muito por sonhos desintegrados, perdidos,
mofados pelos ácaros do tempo

Se sinto muito pelos sonhos perdidos
Sinto muito mais pelos sonhos
que sequer tiveram a chance de serem sonhados

"São tempos difíceis para os sonhadores"
Eu sinto muito
Sinto muito por quem não sente nada,
apenas um vazio que o deixa oco por dentro
Um vazio que faz com que cada pensamento
produza um eco ensurdecedor
Mas também sinto muito por quem sente muito

E eu sinto
Sinto por mim e por você que lê essas palavras
e procura um sentido no caos
Eu penso tanto no que sinto

e sinto tanto quanto penso que
minhas têmporas chegam a latejar e meu coração
pede descanso, pois já não aguenta sentir tanto...

Eu sei que assim como eu tem muita gente
que sente e prefere se blindar
Que prefere ver as próprias calças arriarem na frente
de todos do que derramar uma lágrima na presença
de alguém
Tem gente que sente e sente que não quer sentir

É que as coisas costumam ser o que são
E não há problema algum em serem assim
Acho que está na hora de desligar os pensamentos
e colocar o mundo no mudo
Acho que está na hora de parar de procurar
o mistério oculto das coisas

Está na hora de viver cada momento com intensidade
Com entrega e com verdade
E concordar com Alberto Caeiro: entender
que o verdadeiro mistério oculto das coisas
É que elas não têm mistério oculto nenhum

Medo

Dei a mão para os meus medos e os retirei do abismo
que me habita
Dei a eles ouvidos, e o resultado foram gritos abafados,
mudos, borrados de tinta
Dei ombros para chorarem e pálpebras para tremerem
Também dei a face para suarem o suor do temor
Dei aos meus medos alimento
E quanto mais eu os alimentava, mais olhava
para o buraco negro que me sugava o alento
Dei aos meus medos minha carne,
e frívolos eles a consumiram
Então eu dei a eles meu coração,
na esperança de estancar a hemorragia
Mas assim que o retirei do meu peito,
os meus medos fugiram todos:
É que nele habitava o amor
E os meus medos tinham medo de amar

De amar

Eu te amo, mas
Há sempre um "porém", um "entretanto", um "contudo",
E esse amor fica pendente, latente, contido,
Não inunda nem transborda.

Esse amor é tempestade,
É como uma veia
que lateja quando não pode pulsar e oxigenar o corpo;
Esse amor, pelo contrário, me tira o ar,
me sufoca, me afoga,
E me deixa cansada de amar.

Esse amor me faz desejar não mais sentir,
Desejar um amor tranquilo, do jeito que imaginei
Esse amor me faz decidir me amar mais,
Mas ele também me faz esquecer dessa decisão

E quando penso que ele é mais,
Acredito que ele é soma,
E me decepciona e se transforma
Em "mas", "porém", "entretanto" e "contudo".

Escrevo isso para reforçar
Que não adianta só amar.
O amor é um ingrediente dessa receita,
mas não faz o bolo sozinho.
"Porém", "entretanto" e entre tudo,

Eu não quero um amor contido.
Eu quero amar com tudo.
Começo hoje, por mim.

Pois te amar dói

Dói
Dói como se existisse uma ferida aberta
causada pela faca encravada por tua ida
Meus pés doem como se os meus quilos
fossem suportados
Dobrados, multiplicados e caminhados por quilômetros
Contados

Ardilosos passos que correm
em direções opostas aos braços que me apertam as
costas,
me arrancam lágrimas e sorrisos
Vertiginosamente encerram meus
melhores sentimentos a partir da partida
Vida, repleta de sentimentalismo barato, curto, corta
Corta-me e suga-me de mim

Arranco o curativo quantas vezes for preciso
Eu encaro a ferida, eu deixo que ela inflame
Profiro palavra infame, cravo mais um espinho
e firo-me mais a cada palavra que te dirijo
na vã tentativa de te reencontrar

Mas eu juro que na vez que der os pontos
nessa dor que deixaste
Ficarão as cicatrizes do estrago que fizeste
Mas elas serão o lembrete de que me refiz
Fiz o que fiz tentando acertar; errei em te amar

Erro tentando abafar a ferida com um fino pano sangrento
Mas eu juro que logo eu acerto
Eu juro
Eu juro

Juro que eu me curo de ti

E por isso eu fumo

Eu fumo.
Meu único fumo é o aroma perfumado das flores;
Mas se querem saber se já traguei alguma vez,
Eu ainda trago:

Trago lembranças de amores que se dissiparam
como a fumaça,
Mas que ficaram marcados na roupa como o cheiro
que não passa;
Trago alguns trocados na carteira,
Algumas guloseimas na geladeira,
Suficientes para o tempo em que fico em casa.

Ademais,
Vivo tragando algumas flores, cheirando algumas rosas
E rememorando amores de tempos passados;
Revendo as pétalas murchas e pensando em quão sou
forte e fértil;

Da minha terra já brotaram algumas flores,
E enquanto eu trago o pólen enrolado nas folhas,
Penso que para quem mal me quis,
Eu bem que me quero bem.

Para fugir da turbulência

Na turbulência
Renuncia a essa pressa
Em cessar
Pois tudo passa
E quando passa
O ar da graça há de chegar
E o processo do peso do passo cansado
De pouco em pouco alivia
E o rechaço do dia cinza se aparta em rima
Rima que rebobina no peito do poeta
Refeito
Mas nunca satisfeito
Irado
Na truculência o teu grito rasga o papel
E cintila, enfeita o quarto de hotel do leitor
E o poeta se enfurece ainda mais
Porque até mesmo a tua mais profusa raiva é lida
Com, e como, o mais profundo
Amor

Minha saída de emergência

Quebre a tampa,
Abaixe a alavanca,
Afaste as portas somente com o trem parado,
Somente se houver algo errado.

Lutar ou fugir?

Quantas emergências são necessárias
para largar o trem, sem olhar para trás?
O vagão pegou fogo, e você deixou-se queimar,
uma vez mais
No vagão das expectativas, dos sonhos, dos planos
que são mais emergentes que qualquer obstáculo

Quantas pessoas você teria de abandonar
em caso de emergência?
Quantos sonhos deixaria queimar no vagão?
Quanto você lutou antes de
Quebrar a tampa,
Abaixar a alavanca,
Abrir a porta
E partir?

Eu sei que você se queimará algumas vezes
antes de incendiar,
Mas eu quero que você saiba que pode,

Você incendeia tudo!

É minha própria poesia

Digo que do âmago do meu ser
Parecem emergir criaturas que conversam,
me reviram do avesso
Me chutam o ventre e de mim fazem verso
Revezam, saltitam nas pleuras dos meus pulmões

Respiro lentamente,
Então quase instantaneamente
Eu verso;
minhas mãos rabiscam qualquer papel na mesa
Ou o bloco de notas do celular.

A poesia parece pulsar em meu corpo;
Quero expulsá-la!
Num impulso ela adentra as camadas de outro ser;
Agora o produto da minh'alma se faz presente
dentro de ti.

A minha poesia é transplantada;
Então ela passa a florir nos recônditos de outras almas,
Respinga na arma apontada,
Enferruja, oxida, desarma.

Ela atravessa os batentes das janelas,
Ela volta para mim;
Se tem alguém que volta,
É a minha poesia.

A parede do meu quarto se tivesse boca não falaria,
Gritaria meus versos abafados

Nos poros da sua tinta mofada,
E na úmida parede qualquer um leria

A minha própria poesia.

Em síntese

A chama que me chama
Esquece que aquece
Derrama minha alma
Derrete minha prece

A vida que eu levo
Os passos que eu dou
Não sou eu quem vivo
Sou eu quem sou

A realidade viva
Vivendo um devaneio
O tempo que se esquiva
O que chegou e o que não veio

Já está na hora de acordar

Ensaia um sorriso para cada dia da semana
E se doa por aqueles que você ama
Escolhe uma roupa bacana pra ir trabalhar na sexta
Mas no sábado nem sai da cama

Está vazia de si mesma
Já distribuiu todos os teus risos
E ao olhar-se no espelho as lágrimas
é que refletem a falta
A falta que você faz para si mesma
Você fecha seus olhos e procura um paraíso perdido

A todo tempo procura por todas as suas
melhores memórias
E então se encontra nas suas histórias
E é lá que o paraíso está
Você está morando no passado junto com ele

Você se doou tanto que não lhe resta mais de si
Mais um café, sozinha, na mesa
Às duas da tarde, com seus pensamentos
que já nem são seus
Você reza para que tenha morrido nesse dia

E se faz um acordo:
De ao acordar renascer para si
E ao primeiro dos milhares sopros de vida
Você promete viver e se possível pra você

É, já está na hora de acordar para a vida; você está aí?

Afinal eu sempre estive aqui

Essa noite eu procurei
Alguns motivos pra viver:
Pensei no meu pai, na minha mãe,
E, confesso, também pensei em você.

Confesso também que não sei o porquê
Visto que, de nós, não restou mais nada.
Abro a janela da sala abafada,
Olho para a minha cadela cansada,
Me recordo de tudo:
De cada milímetro de luta que me compôs.
Abro a porta e, desta vez, nada mais importa
Além do momento que me comporta.
Afinal, eu sempre estive aqui,
E sempre estarei.

Pronta para voar

Eu já desmatei as minhas florestas
Já vendi minha matéria-prima inteira
Paguei um preço alto pelas flores que eu mesma plantei
Só porque elas estavam expostas na mais bela
das prateleiras da floricultura

Eu já me cortei
Me corto algumas vezes
Mas as raízes permanecem intactas
Eu já me reflorestei algumas vezes
E de fato, acho que estou brotando

Eu não sei quantas árvores formam uma floresta
Mas eu sei quantas lágrimas foram necessárias
para regá-la
Eu sei que nem só de árvores é feita uma floresta
e nem só de raízes é feita uma árvore
Eu aprendi com os pássaros que eu sempre estive
pronta para voar

Em minha fantasia

Com a cabeça no seio do travesseiro
Mergulho em meu universo particular
A fim de encontrar uma partícula
que motive a continuar
Crio milhões de teorias e faço planos
que talvez nem sejam meus

Procuro nos arquivos secretos as lembranças mais vivas
Então me afundo em pensamentos brandos e no rio
de saudades que me habita
Aos poucos ele transcorre pelos meus olhos
Coloca em ruínas as fortificações
da cidade externa que construí

Os espelhos dos prédios refletem o impacto
dos meus devaneios
Mas após a cheia, o ar se purifica,
e o rio volta à mansidão
Estou sonhando, voando e devorando
as nuvens de algodão
E de súbito desperto, caindo na cama

Mais um dia amanhece

É que esse mundo é grande pra visitar
uma única galáxia
A cama se torna pequena para quem ama
E quando o rio se acalma, você vai além do céu,
do chão, de si

Ainda bem

Sinto borboletas no estômago

As múltiplas borboletas que estavam no meu estômago
Migraram do extremo do meu âmago
Para o externo de mim
Eu nunca precisei matar as borboletas

Elas souberam a hora certa de voar
Me levaram para o céu, me fazendo tão leve
como eu nunca fui
Me fizeram admirar a força das asas coloridas
e delicadas
Como eram incontáveis as borboletas que me fizeram
frágil!

Como eram belas e coloridas;
Me fizeram casulo e depois jardim
E assim saltaram pelas minhas pupilas
Provocando lágrimas que usaram
para pintar uma aquarela

Qualquer um que me vê planando no ar
Sabe que as borboletas — que eu nunca quis matar —
Me emprestaram suas asas
Mostraram o quanto sou forte,
mesmo na mais profunda fragilidade

Indo ao encontro de mim

Me perdi de mim mesma
Feito criança perdida no supermercado
Me perdi no peito, no olhar, no lar e no abraço
do ser amado
Procurei, mas não fui encontrada

Olhei no espelho, e não havia nada
Acionei a polícia, revirei meu quarto,
Olhei para dentro da minha aorta
Resolvi me procurar de porta em porta

Toquei a campainha de certo alguém
Que, assustado, talvez tenha pensado que voltei
para encontrá-lo
Mas voltei porque me queria de volta
Voltei porque achei que ele tinha
a melhor versão de mim

Mas estranhamente ele me viu pelo olho-mágico
E magicamente esqueceu quem eu era
Ele disse que não me reconhecia
Então, catarticamente me despedi da minha fantasia

Me escondi em alguém que eu não era para agradar
quem não merecia
Me recobri em máscaras e disfarces
E só me encontrei após procurar
Entre metáforas e metamorfoses

Encontrei com quem eu fui
Alguém completamente carente
Entregando sorrisos a desconhecidos no supermercado
Mas quem fui não volta, ficou no passado

Aquele "eu" deu lugar a outro
E nunca mais vai se perder em ninguém
Abro os braços para o meu reencontro
Agora finalmente posso ir em frente

E neste devaneio tolo eu me refiz

Você partiu, mas me reconstruí
Juntei cada parte de mim
Me refiz assim
Escancarei meu coração para que você saísse dele,
tão facilmente como entrou

Não o exportei para fora de mim
Eu me refiz assim
Tirei tudo de dentro e tratei de organizar cada parte
Coloquei-o na gaveta das memórias,
onde deve estar a partir de agora

Limpei todo o pó, para que fosse a memória mais linda
Junto a você anexei a minha poesia mais lida
E já que há quem diga que os olhos são a janela da alma
Basta que olhem nos meus para que vejam:
de tanto regar
Floresceu

Hoje dizem que cheiro a flores,
mas o perfume vem de dentro

Por ora, supre-me a mim mesma

Supre-me

Supre-me o fino fluido que dá brilho aos seus olhos
Supre-me o fio que une o cerne de nossas existências
Supre-me os momentos incertos que podem não ter
resistência aos sintomas do tempo
Supre-me, pois podendo se ultrapassar,
jamais são velhos demais para se lembrar

Minha simples estadia no mundo supre-me,
pois sinto que os dias me sugam a carne a fim
de que eu seja em substância

Minha essência me supre, pois sinto que,
embora minha vida acabe, eu continuarei viva
em pessoas que talvez meus olhos tenham cruzado

Em coisas que não me recordo de ter tocado, mas que,
ao tocar, ultrapassei os limites do observável

Ora, supre-me a mim mesma

Agora me encontrei

Vejo-me inteiramente acordada
Ainda assim, pareço sonhar
Olho para o lado

Não há nada

Apenas o colchão bagunçado
Um cigarro apagado
O controle virado

Minha vida também

Além de mim, só eu
E minhas múltiplas faces
Desgastadas sob a fronte

Minhas diversas máscaras, intérpretes de mim

Meu corpo nada mais é
Que um depósito de frouxas roupas
Que mal aquecem um coração

Mais frouxo ainda...

Farto de tuas entradas
Enfarta de tuas saídas
Cansado de tuas batidas

Idas e vindas

Pareço sonhar
Olho para mim e vejo
Alguém que não via há muito tempo

Deve ser porque desta vez
Olhei para o lado de dentro

Moro em mim

sou minha casa
há dias que sou bagunça
outros sou confusa
desorganizada

abro a porta
peço que não repare
não tenho tido tempo
de olhar para dentro

estive fora
preciso arrumar aqui
volta outra hora
não lhe pedirei ajuda

é que só eu sei
o lugar de cada coisa
só eu me encontro
na minha confusão

não
não precisa insistir
quando eu for habitável
talvez você possa vir

mas por ora
tenho me bastado
gostado de mim
tenho meu lugar

estou pondo em ordem
e aprendendo quem sim
quem não e quem nunca
devo deixar entrar

eu sou casa
sou lar, sou grande
sou minha, sou forte
sou arte e resisto

me habito
e me permito
refiz minha estrutura
vento algum pode abalar

Desabafo

Ao pensar no que está por vir, o coração dispara
Minhas mãos suam e a pupila dilata
É a famosa ansiedade que ataca
Me acelera ao passo que paralisa
Me torna frágil diante das demandas do mundo

Me vejo sozinha, uma criança
Temendo desagregar-se
Receando que a vida lhe force a independência
Sem saber qual imagem projeta para fora de si

Me pergunto quais versões de mim
ainda vivem nos enredos de outros,
Das mínimas histórias às mais elaboradas.
No meu terreno infértil já não vinga quase nada

Eu estou cansada
De manejar expectativas vãs
De lidar com essa realidade feia e sórdida
Tão diferente do que a minha mente revela nos divãs

E nesse terreno repleto de ervas daninhas
Vou cortando as folhas mortas
Respingando, nem que seja com lágrimas
Essa terra seca, essas plantas murchas
Na esperança,

A gota de esperança que ainda me resta
De que a primavera renasça
E que se torne floresta
E não haja praga ou ameaça que me impeça de florescer

Explosão

explosão
é tudo o que sai de mim;
das desvairadas risadas,
das lágrimas derramadas,
que inundam tudo.

eu sou frágil
como uma bomba;
corto como vidro,
e quebro sem etiqueta
de aviso.

danço só,
e tento ver beleza;
mas a solidão
não é sempre
confortável.

eu me canso,
eu escrevo
um verso
vivo.

escrevo para não explodir.
explodo ao escrever.
escrevo para não morrer.
e, de fato, não morro.

Resta de mim o quê?

Resta de mim o quê?
Os restos de um pouco de fim;
Traças enfeitam as paredes,
Enquanto perco as estruturas.

Não sou anjo nem demônio,
Nem noite, muito menos dia;
Sou um punhado de dores
Esperando anestesia.

Resisto ao despropósito,
Mas o concreto já me destoa.
Sou cimento seco e opaco,
Uma mosca voando à toa.

Pulo do céu ao chão,
Toco coração por coração,
Mas nada me toca o íntimo;
Nada me é legítimo.

Sou motins de nada,
Coletivos de coisa alguma,
Abundância confinada
Prestes a ruir.

Dos meus cacos,
Das minhas ruínas,
Construo vãs fortificações
Repletas de rachaduras.

Meu castelo medieval
Sem cor, sem luz, sem sal,
Me abriga em minha ausência;
Alimenta a minha despensa.

Enquanto me despeço,
Me recubro de urgência;
Cansada de frivolidades,
Eu quero luz, cor, vida.

O novo me grita;
A tinta quer respingar;
As paredes querem vibrar,
A vida, voltar a pulsar.

Preciso de sonhos,
Mas meu sono me perturba;
Onde foi que me perdi?

A parte que fica

Ninguém é de posse de ninguém;
Somos seres fluidos
Partilhando a existência,
Nossa breve experiência.

Doamos ao outro
Um pouco de nós,
Mas viemos
E vamos sós.

Deixamos
Um pouco de nós no mundo,
E quando nada temos a deixar,
Deixamos o mundo.

Morremos
E, ainda assim,
Vivemos — em algo,
Em alguém.

Não temos dimensão
De onde começa
E onde termina
A nossa influência.

Que seres somos nós?
Dotados de qual consciência?
Que, em vez de laços,
Damos nós?

Somos sós:
Nem de outros,
Nem de nós.

A gente parte,
Mas o que importa
É a parte da gente
Que fica.

Te quero bem

Eu te quero bem, caro leitor, pois a tua dor é a minha também, o teu choro é o meu choro, e o meu amor é teu. Bebe da tua dose de motivação diária e corre para tudo o que quer alcançar; a vida te espera de braços abertos.

Dias de mudança

Tememos as mudanças
Porque mudamos junto com elas
Muitas vezes não nos reconhecemos mais
Resistimos, nos defendemos, nos autossabotamos,
Prolongamos sofrimentos desnecessários

Porque nos acostumamos com a dor,
como se ela fizesse parte de nós
Fortalecemos os nós quando deixam de ser laços
Calamos nossa voz e, mudos, alimentamos angústias
Porque as mudanças são atrozes, ferozes, vorazes

Sabemos o que precisa ser feito, mas resistimos
Que acabou há muito tempo, e não aceitamos o fim
Que talvez as coisas só existiram em nossa mente
Mas que mudanças e perdas são necessárias

Mudar destrói quem somos,
Para que possamos nos reconstruir
Mais fortes, livres e resilientes
Prontos para sermos o que nascemos para ser

Ainda é cedo

Não é tarde para ir em busca de sonhos
enterrados na gaveta,
Para tirar o pó da desesperança despejado sobre eles.
Não é tarde para tentar mais uma das inúmeras vezes.
Não é tarde para buscar a vida que você merece
e abandonar aquela que você só "aceita".

Não é tarde para aprender a dirigir
E para perceber que você está no comando da sua vida.
Não é tarde para entrar na faculdade que sempre quis
E entender que na escola da vida há sempre
uma lição a ser aprendida.

O tempo não volta, não para, não acelera.
Nas gavetas do passado talvez existam oportunidades
que não se podem salvar,
Mas nas portas do futuro existem outras oportunidades,
Chances e possibilidades que você pode criar.

Não é tarde para viver aquilo que poderia ter sido.
Volte a brilhar!

Você é incrível

Chega um tempo em que você cansa de si
Se culpa, se sente vazia, se esgota
Tudo o que quer é dormir
Na verdade, você quer fugir, e só não sabe
como se foge de si

Mas é nessa fragilidade que surge um ímpeto de força
É nessa monotonia que você se motiva a transformar
O cabelo, a maquiagem e a sua própria vida
Não quer mais ser quem é, mas o melhor que pode ser

Chega um tempo em que você só quer paz
Cansa das bagagens desnecessárias
que há tanto tempo carrega
Olha para as flores que há tanto tempo não rega
Então elas ressurgem mais belas e vibrantes

E o que vibra em você é a vontade
De se regar de novo
De se podar para renascer mais forte
De se dar uma nova chance
De ser quem se é

Incrível

A hora é agora

Já está na hora de você abrir mão de ciclos da sua vida
que não vivem, apenas sobrevivem
Já está na hora de viajar em outro sentido
Já está na hora de reencontrar os seus propósitos,
de traçar novos caminhos
Já está na hora de respirar fundo
e nadar para a superfície
Já está na hora de não querer uma vida superficial
Já está na hora de parar de viver uma vida
que não é sua, e sim a de um ator de comercial
Já está na hora de se cuidar um pouco,
de se valorizar mais
Já está na hora de fazer aquele corte de cabelo
que você queria a um tempo atrás
Já está na hora de se renovar
Já está na hora de parar de repetir esses ciclos viciosos
em que você mesmo se inclui
Já está na hora de deixar algumas pessoas ausentes
no posto que elas mesmas se colocaram
Já está na hora de se permitir viver uma nova história
Já está na hora de se despedir da velha mania
de repetir o prato de sempre
Já está na hora de respirar novos ares
e vislumbrar novos horizontes
Já está na hora de fazer as malas e ir embora
Já está na hora

Desistir é para os fortes

Desistir nunca foi para os fracos
Desistir é o maior ato de coragem
Desistir envolve compreensão, aceitação e
Também o coração

E a gente sabe que em tudo o que o coração
se intromete certamente a emoção prevalece
O ato de desistir é quando a razão grita, apela, convence
Porque a gente sabe quando deixa de valer a pena
Mesmo assim
Abrir mão de sonhos, pessoas, planos que um dia
foram motivo para o coração bater

É como tirá-lo do corpo e deixá-lo em uma máquina
de circulação extracorpórea
É abrir o corpo e então
Encerrar os ciclos, limpar a indecisão generalizada
Decidir por novos sonhos, pessoas e planos
Encontrar os reais motivos
Que façam valer cada batida do seu coração

Eu acredito em você

Há tempos tentei sentar comigo
e resolver alguns assuntos pendentes
Qual é a vida que não me permito ter?
Quais são os planos que não realizei?
E por que não os realizei?
Pensei e, depois de sentir os neurônios queimarem
e o coração acelerar, cheguei à conclusão que:

A gente não se permite,
A gente não se vê capaz,
A gente olha para trás e vê
que o outro parece estar sempre à frénte;
O outro parece viver os nossos sonhos
enquanto a gente se joga para escanteio,

A gente desacredita da gente.
Quem nunca se sentiu pequeno?
Quem nunca sentiu que seus sonhos
eram grandes demais?
Que mulher nunca se sentiu menor que um homem?

Quem nunca se viu parado no tempo
Esperando condições melhores,
Afirmando "isso não é pra mim"?

Assim,

Depois daquela tarde eu me despi
Para encarar a vida de peito aberto,
Para encontrar forças onde eu não tenho,

Para ser a mulher que o mundo tem medo,
Para aceitar a realidade em que vivo
e buscar a realidade que mereço.

Vejo que, depois de todos esses dilemas,
problemas e conflitos internos,
Eu ainda estou viva e dando o melhor de mim.
Eu sou forte mesmo quando estou fraca.
Você também é.

Respeite o seu tempo
Faça as pazes com o seu corpo, com a vida, com você.
Você é grande,
Não espere as condições perfeitas
para viver tudo o que se é.
Eu acredito em você.
E você?

Você sempre estará aqui

Quem socorre quando a sua alma grita?
Quem estende a mão quando você perde o chão?
Quem lhe dá colo quando o seu corpo pesa?
Quem o enxerga quando seu brilho se apaga?

Quem o acolhe em vez de julgá-lo?
Quem o escuta em vez de falar?
Quem o atende às três da manhã?
Quem fortalece quando você não tem mais forças?

Quando você está no auge do sucesso,
quantos batem no seu ombro?
Quantos lhe dizem o quão incrível você é?
São os mesmos que reafirmam sua grandeza
quando você se sente pequeno?
Quem está com você quando você tira a sua máscara?

Talvez um amigo esteja lá,
Presente no seu pior momento,
Mas há alguém que nunca o abandonou:
Esse alguém é você.

Você é um espetáculo

Eu me mantenho nas curvas erradas
Me arremesso em grandes estradas
Morro a cada flecha lançada
Por suas mãos gélidas e sua face pálida

Estremeço em sua presença
Escolhendo minha sentença
Substituo a infortuna esperança
Por uma singela dança

Você me tira para dançar
Por um instante me apeteço
Submersa em meus desejos
Minha dança seguiu o seu passo

Quando dei por mim já estava ali
Sozinha no palco da vida
Já ia me dar por vencida
Quando alguém me disse

Querida
Ele foi apenas o ensejo
Você é o espetáculo

Independência

Uma das melhores sensações é quando você
se liberta da prisão emocional que o liga aos outros;
quando o tempo passa, e você vê que um sentimento
tão grande, que incendiava tudo dentro de você,
torna-se apenas uma faísca ao ouvir o nome da pessoa
ou algum gatilho que insiste em acionar as lembranças.
Depois disso, nem isso.

Nem uma faísca o incomoda e o limita, porque agora
você simplesmente não se importa mais.
Nada que remeta ao outro o controla mais, nada que
o outro faça lhe importa mais, e nada que você faça é
para provar algo a alguém além de si mesmo.
Você tenta viver bem por você, não para mostrar
ao outro que vive bem sem ele.
Você se diverte por você, não para desviar
o foco da sua atenção.

Você se arruma para você, não para chamar atenção
de alguém.
Você se relaciona com quem lhe faz bem, não para
provar que se ele (a) não quer, tem quem queira.
Você não tem mais a necessidade de dividir
os seus problemas com essa pessoa.
Você não tem mais vontade de se dividir por ela
em milhões de partes, pois sabe que, ao fim,
não lhe sobrará nenhuma.

Uma das melhores sensações é se libertar
emocionalmente de algo/alguém. Pode doer muito,

mas, quando você se liberta, entende que o amor
não é prisão, não é migalha, não é paixão.

Quando você se liberta, percebe o seu real e verdadeiro
valor, e ninguém mais o fará esquecer que o amor é
quando alguém decide ficar, estando livre pra ir, e se
for, ainda existe alguém digno do seu amor: você.

Preenchendo vazios

Tentar colocar alguém em um espaço que não é dele
é suicídio ao amor próprio
É transferir ao outro a responsabilidade
sobre a sua felicidade
É a incapacidade de ser completo ou de lidar
com o próprio vazio
Fazemos do outro um grande eu

O transformamos na imagem
que gostaríamos de refletir
E então o olhar do outro passa a ser um espelho esférico
que aumenta o nosso ego e diminui o nosso vazio
O outro passa a ser a parte que falta
A melhor parte de nós, a parte que nos mostra

A parte que não faz parte, pois se está à parte
Pois é também um ser singular, independente
das fusões, das ilusões
Das ideias que fazemos desse outro
Criamos em nós um desejo insaciável

Criamos no outro um objeto desse desejo
E assim dizimamos as nossas ausências
Diminuímos as nossas carências,
restando de nós um punhado de outros
Vivemos em busca sabe-se lá do quê
Porque na busca por quem somos, nos assustamos

Porque, como disse Nietzsche,
quando se olha muito para o abismo

O abismo olha para você
O abismo torna-se você
E em vez de permitir-se conhecer
os próprios monstros que lá habitam

Colocamos no outro a tarefa de acalmá-los
Terceirizamos o autoconhecimento
E assim vamos nos limitando
Sem descobrir que esse buraco negro dentro de nós
É apenas um portal que nos leva
Além de nós mesmos

Às mulheres livres

Caminho para ser uma mulher livre
Amo cada dia mais a liberdade
Ser quem estou me tornando
É abraçar o meu eu antigo

É perdoar as minhas falhas
Tratar com carinho as minhas feridas
É alimentar os sonhos desacreditados
É dançar em meio aos meus tornados

É achar graça das minhas decepções
E olhar com alento as minhas poesias
Que refletiram tanto de quem fui
Todas as minhas fantasias

Todas as coisas que me angustiavam
As ambiguidades que me apartavam
Tudo aquilo que conflitava na psique
Dores, paixões que me apequenaram

A razão e a emoção brigando por mim
Eu já não sei qual delas me feria mais
Eu já não sei qual delas me fez assim
Tão forte, segura e dona de mim

Não me envergonho da entrega
Da verdade que me compõe ao compor
Sou intensidade da cabeça aos pés
Não me arremete o torpor

Estar em paz comigo mesma
Me conectar às minhas dimensões
Me faz amar sem me perder
Me permite brilhar e emanar luz

Tenho me permitido ser livre
E a liberdade é o nome que dei à paz,
Para estar sem me perder, sem me prender
Sem me sufocar, somente ser, somente estar

Livre

Às mulheres que brilham

eu gostaria que acreditasse um pouquinho mais em si
eu gostaria que você se perdoasse mais
eu gostaria que fosse mais paciente consigo
e eu gostaria que tivesse calma no seu caminhar

eu queria que você parasse para respirar
e para sentir o milagre da sua respiração
e que soubesse que não importa se o mundo lhe diz não
se você diz sim a si mesma

eu gostaria que você não fosse tão dura
e que os seus passos fossem mais leves
e que a voz interior que a empodera
fosse mais alta que o barulho que a tortura

eu quero que você se redescubra
que pare de olhar para o abismo
e saiba extrair o melhor que há em você

pois por trás de buracos negros
seus mistérios e imagens
há mulheres que brilham
há mulheres que incendeiam

como estrelas

e você é uma delas

Não desista dos seus sonhos

Não desista dos seus sonhos
Do que faz seus olhos brilharem
De tudo em que você acredita
Mesmo que ninguém mais confie

Você é suficiente
Para transformar sua realidade
Mesmo com as pedras no caminho
Sua existência é o bastante para não estar sozinho

Cada passo que você dá
O leva mais próximo do que você sonha
E cada tropeço o aproxima do sucesso
Que é ser quem você é

Você é um ser em constante evolução
Vai cair, levantar e realizar
E ainda vão dizer que teve sorte
Mas só você conhece suas batalhas

Você nasceu para sonhar
E para fazer acontecer
Não desista dos seus sonhos
Pois eles dão vida à sua vida

Não se compare

Há dias em que a tristeza toma conta
O vazio invade e paralisa os planos
A mente remonta o passado e afronta
Nos tornamos inimigos de nós mesmos

A solidão leva a crer que não somos essenciais
Afinal cada um está vivendo sua própria vida
Até parece que o outro está sempre mais feliz,
Surgem as comparações e a autocobrança

A culpa nos faz ser cruel
Nos punimos e nos envergonhamos
Não é possível enxergar os nossos méritos
Então tentamos nos preencher de excessos

Os entulhos nos impedem de olhar para dentro
É dolorido, é angustiante, mas é necessário
Precisamos nos conhecer, identificar o inimigo interno
Nomear as nossas dores

É necessário apartar os medos
Chamar para a consciência o agente sabotador
Tornar o tornado apenas uma brisa
Clarear a mente e acolher a si

É necessário se reconhecer
Entender que cada um tem seu processo
E, se não for capaz de amar a si mesmo,
Ninguém mais será

Você pode voar

Olhamos para trás e não nos reconhecemos
Percebemos que não somos as escolhas que fizemos
Que não éramos quem fomos há um tempo
Vemos o quão diferente nos tornamos

Certos relacionamentos não fazem mais sentido
Pessoas a quem nos doamos sem que merecessem
Invertemos os planos, adiamos os sonhos
Mas sem perceber crescemos

Certos momentos questionamos se vivemos de fato
O passado já não faz parte da nossa realidade
Mas faz parte de quem nos tornamos
Sabemos o que sabemos pelo que passamos

Orgulhe-se das versões de você
Elas também teriam orgulho do que você é hoje
Com as suas ausências, as suas limitações,
mas acima de tudo
A sua coragem de continuar resistindo

Em um mundo que nos tira o chão
Aprendemos a abrir as asas
que não sabíamos que temos até precisar voar
Tiramos as algemas que nós mesmos colocamos
E então voamos, tão alto como nunca imaginamos

E de repente o que era grande torna-se pequeno
O que trazia medo causa sossego na alma
As perspectivas mudam lá do alto
E perder o chão já não é mais assim tão assustador

Reveja a sua vida

Reveja a sua vida quando
ela estiver ligada no automático
Reveja a sua vida quando
o seu café da manhã não é saboreado
Reveja a sua vida quando
o seu aniversário não é comemorado
E você faz um jantar, só para não passar em branco

Reveja a sua vida quando faz só por obrigação
Reveja a sua vida quando começa algo pensando no fim
Reveja a sua vida quando
a canção não tem mais melodia
Reveja a sua vida antes que ela fique vazia

Quem nunca, ao dizer que entrou na faculdade,
que vai fazer um intercâmbio, que assinou um contrato,
ouviu um "não se preocupe, o tempo passa rápido"?

Me desculpe, mas não quero que o tempo voe
Eu quero sobrevoar pelas asas do tempo, quero fazer
valer cada segundo, minuto ou quarto de hora
Quero viver o presente como o presente que me foi
dado, pois o futuro ainda nem foi inventado

Pois quando se acorda
E o sonho continua dormindo
Quando os seus olhos perdem o brilho
Já é hora de rever a sua vida

Vai dar certo

Não deu certo ainda, mas vai dar
E quando der, você vai perceber
Que sonhava baixinho
Sem saber

O quão alto é capaz de voar
O quão fortes são as suas asas
O quão certo é o que há de vir
O quão longe é capaz de ir

Não deu certo ainda, mas vai dar
E você vai perceber
Que aquela pessoa
Era tão pouco para você

Que aquele trabalho que você amava
Era só o começo do seu sucesso
E que aquela viagem para outra cidade
Era só o início da sua volta ao mundo

E olha só
Lembra daquela amizade que partiu?
Você seguiu a sua vida sem ela
E tudo o que perdeu abriu espaço para sonhos maiores

Aquela pessoa, o trabalho, a viagem, a amizade
Não foram irrelevantes
Foi justamente o que fez você grande
Forte e consciente

Às vezes
Olha-se para o alto e vê-se tudo tão distante
Mas você vai chegar lá
E quando chegar

Vai notar que suas preocupações se tornarão pequenas
Porque você descobrirá que é grande
E que pode voar muito mais alto.
Já deu certo e vai dar ainda mais.

Você merece

Não sei se já se notou
Se já se olhou no espelho
Ou se olhou para dentro
E percebeu

Quão lindo(a) você é
Em todas as dimensões
Em todos os ângulos
Por dentro e por fora

Não sei se já lhe disseram
Ou você já se disse
Mas sua alma é rara
E tudo o que ela abriga

O amor que você emana
O aroma que pulveriza
A vida que em você pulsa
Os sonhos que em você habitam

Então prometa para mim
E prometa também a si
Não se abandonar
Não se restringir

Pois tudo o que tem para dar
É tudo o que quer para si
E não sei se você percebeu
Mas você

Você merece

Índice de poemas

Poemas tão marcantes quanto o mar

15 Poemarcante
16 Ondulando
17 Por onde navega o amor
19 Eu tsunami
20 Piscina
21 O barqueiro
22 A imensidão do mar de excessos que sou
23 Um rio chamado saudade
24 Mais poesia que mulher
25 Meu pedido ao tempo
26 Eclipse
28 Minha prece à Lua
29 Quando é amor
30 Pela eternidade
32 Antropocentrismo
33 Autotransplante
34 Infância
35 Gratidão
37 Matemática poética
38 Respirando poesia
39 Além de mim
41 (A)té o fim
42 (Des)esperança
44 Quarentena, dia: ?/?
46 Terra bruta
47 Setembro
48 Tempestade

Quando a alma se declara e se despe(de)

53 Adeus
54 Enlaces
55 Amorarte
57 Incompletudes
58 Enganos
60 Insistências
61 Partidas
62 Passarinho
63 Saudades
64 Indiferença
66 Perpétuo
67 Tanto
68 Venha
70 Embora
71 Invisível
72 Catarse
73 Quebra-cabeça
74 Liquidez
75 (L)ar
77 Miopia
79 Posse
81 Tchau
82 Tu
83 Nosso "nós"
85 Perdão
87 Daniel

Tapas na alma

93 A era do gelo
95 O que o dinheiro não compra
96 Nos bastidores
97 Ela se esqueceu de voltar
99 Amor de brincadeira
100 O que é o amor
101 Do coração
102 Em busca do que já encontrei
103 Ninguém é substituível
104 Um amor leve
106 Medo de ser feliz
108 Generalizações
110 Amor próprio
112 Pseudoamor
113 Amor por quem?
114 Sem regras para amar
116 Ambivalência
118 Costume
120 Simplesmente acontece
122 Há muitas em mim
123 Orgasmo da alma
125 Bem me quero
126 Quero-me
128 Síndrome de super-herói
130 Quanto vale a sua paz?
131 Calma
132 Solidão a dois
133 Mulher de faces
134 Fantasmas

Meros devaneios tolos

139 Eu
140 Sinto
142 Medo
143 De amar
144 Pois te amar dói
146 E por isso eu fumo
147 Para fugir da turbulência
148 Minha saída de emergência
149 É minha própria poesia
151 Em síntese
152 Já está na hora de acordar
153 Afinal eu sempre estive aqui
154 Pronta para voar
155 Em minha fantasia
156 Sinto borboletas no estômago
157 Indo ao encontro de mim
159 E neste devaneio tolo eu me refiz
160 Por ora, supre-me a mim mesma
161 Agora me encontrei
163 Moro em mim
165 Desabafo
166 Explosão
167 Resta de mim o quê?
169 A parte que fica

Te quero bem

- 175 Dias de mudança
- 176 Ainda é cedo
- 177 Você é incrível
- 178 A hora é agora
- 179 Desistir é para os fortes
- 180 Eu acredito em você
- 182 Você sempre estará aqui
- 183 Você é um espetáculo
- 184 Independência
- 186 Preenchendo vazios
- 188 Às mulheres livres
- 190 Às mulheres que brilham
- 191 Não desista dos seus sonhos
- 192 Não se compare
- 193 Você pode voar
- 194 Reveja a sua vida
- 195 Vai dar certo
- 197 Você merece

© 2021, Jaqueline Camargo
Todos os direitos desta edição reservados à
Laranja Original Editora e Produtora Ltda.

www.laranjaoriginal.com.br

Edição e revisão **Filipe Moreau e Bruna Lima**
Projeto gráfico **Arquivo · Hannah Uesugi e Pedro Botton**
Produção executiva **Bruna Lima**
Foto da autora **Vitor Augusto**

Dados Internacionais de Catalogação na Publicação (CIP)
(Câmara Brasileira do Livro, SP, Brasil)

Camargo, Jaqueline
  Poemarcante / Jaqueline Camargo. — 1. ed. — São Paulo:
Editora Laranja Original, 2021. — (Poetas essenciais; 13)

ISBN 978-65-86042-13-9

1. Poesia brasileira 1. Título. 11. Série.

21-55344   CDD-B869.1

Índices para catálogo sistemático:
  1. Poesia: Literatura brasileira B869.1

Maria Alice Ferreira — Bibliotecária — CRB-8/7964

Fontes Gilroy e Greta
Papel Pólen Bold 90 g/m²
Impressão Stilgraf
Tiragem 200